I0567786

# DISCLAIMER

The author and publisher are providing this book and its contents on an "as is" basis and make no representations or warranties of any kind with respect to this book or its contents. The author and publisher disclaim all such representations and warranties, including but not limited to warranties of merchantability. In addition, the author and publisher do not represent or warrant that the information accessible via this book is accurate, complete, or current.

Except as specifically stated in this book, neither the author nor publisher, nor any authors, contributors, or other representatives will be liable for damages arising out of or in connection with the use of this book. This is a comprehensive limitation of liability that applies to all damages of any kind, including (without limitation) compensatory; direct, indirect, or consequential damages; loss of data, income, or profit; loss of or damage to property; and claims of third parties.

Copyright © 2022 LINGUAS CLASSICS

# BESTACTIVITYBOOKS.COM

All rights reserved. No part of this book may be reproduced or used in any manner without the written permission of the copyright owner except for the use of quotations in a book review.

FIRST EDITION - Published 2022

Extra Graphic Material From: www.freepik.com
Thanks to: Alekksall, Starline, Pch.vector, Rawpixel.com, Vectorpocket, Dgim-studio, Upklyak, Macrovector, Stockgiu, Pikisuperstar & Freepik.com Designers

This Book Comes With Free Bonus Puzzles
Available Here:

**BestActivityBooks.com/WSBONUS20**

# 5 TIPS TO START!

## 1) HOW TO SOLVE

The Puzzles are in a Classic Format:

- Words are hidden without breaks (no spaces, dashes, ...)
- Orientation: Forward & Backward, Up & Down or in Diagonal (can be in both directions)
- Words can overlap or cross each other

## 2) ACTIVE LEARNING

To encourage learning actively, a space is provided next to each word to write down the translation. The **DICTIONARY** allows you to verify and expand your knowledge. You can look up and write down each translation, find the words in the Puzzle then add them to your vocabulary!

## 3) TAG YOUR WORDS

Have you tried using a tag system? For example, you could mark the words which have been difficult to find with a cross, the ones you loved with a star, new words with a triangle, rare words with a diamond and so on...

## 4) ORGANIZE YOUR LEARNING

We also offer a convenient **NOTEBOOK** at the end of this edition. Whether on vacation, travelling or at home, you can easily organize your new knowledge without needing a second notebook!

## 5) FINISHED?

Go to the bonus section: **MONSTER CHALLENGE** to find a free game offered at the end of this edition!

Want more fun and learning activities? It's **Fast and Simple!**
An entire Game Book Collection just **one click away!**

Find your next challenge at:

BestActivityBooks.com/MyNextWordSearch

# Ready, Set... Go!

Did you know there are around 7,000 different languages in the world? Words are precious.

We love languages and have been working hard to make the highest quality books for you. Our ingredients?

A selection of indispensable learning themes, three big slices of fun, then we add a spoonful of difficult words and a pinch of rare ones. We serve them up with care and a maximum of delight so you can solve the best word games and have fun learning!

-------

Your feedback is essential. You can be an active participant in the success of this book by leaving us a review. Tell us what you liked most in this edition!

Here is a short link which will take you to your order page.

BestBooksActivity.com/Review50

Thanks for your help and enjoy the Game!

*Linguas Classics Team*

# 1 - Antiques

```
H A H P P P A X W X I Z S J
K A P A Z U U K P T S H B F
A R L U L O F O S J Z Z M H
W O T I A I E B K L H A G Y
A B H N S U W E K E Z A J I
I U A A P I L W K I P D S M
D N M M E L P V O O Z A A Z
A K A A G L K O P G S N N E
M A N S A W H U P N X M A E
T R I V M N J M J O Y B A W
I N P I R A H A F I K N V W
N E K J D I J N Y M T Q G W
D H X Y O U F A R A S I X G
O B M A P A M S C R S S A A
```

| | |
|---|---|
| SANAA | UWEKEZAJI |
| MNADA | KUJITIA |
| HALISI | MZEE |
| KARNE | BEI |
| SARAFU | UBORA |
| HALI | SANAMU |
| MIONGO | MTINDO |
| MAPAMBO | KUUZA |
| KIFAHARI | KAWAIDA |
| SAMANI | THAMANI |

# 2 - Food #1

```
M D Y T B O X J M G K S T C
L C I G B B R S E Y I U U Z
D S H P E A R P G K T K N P
X S P I R I Y A H S U A A A
J K H R C Q F T R L N R I P
U A X H O H K E N T G I V R
Y R R E B W A R T S U T I I
M A Z I W A J S K N U O T C
C H U M V I A U U V T R U O
S A L A D I K Q I P N A N T
K A R A N G A G Z S U K G G
X S M R I H A N I J I C U A
M D A L A S I N I A G P U G
T U R N I P N D I M U Y E S
```

| | |
|---|---|
| APRICOT | KARANGA |
| SHAYIRI | PEAR |
| MRIHANI | SALADI |
| KAROTI | CHUMVI |
| MDALASINI | SUPU |
| VITUNGUU | MCHICHA |
| JUISI | STRAWBERRY |
| NDIMU | SUKARI |
| MAZIWA | TUNA |
| KITUNGUU | TURNIP |

# 3 - Measurements

```
K U B A I T I S K I N A S W
I R J Z V G E H O O A T E M
A E O W U T C A T I M K N A
S F C O W S B H Q H D U T Z
I U N J J F N A M C D N I Z
K K E P G K U D M N H O M Y
M I A M P S O A M I S A I S
P L L Y A D J W A J M S T L
K T I O K K A I K A W Q A W
U C N T M Q F K S N R P A F
T A N I A I O L I K G R A M
U P A N A Z T K A K O J L R
V R I P F A X A P I A Y H A
F V B N K U Z I T O I D O C
```

| | |
|---|---|
| BAITI | LITA |
| SENTIMITA | MISA |
| NUKTA | MITA |
| SHAHADA | DAKIKA |
| KINA | WAKIA |
| GRAM | TANI |
| INCHI | KIASI |
| KILO | UZITO |
| KILOMITA | UPANA |
| UREFU | |

# 4 - Farm #2

```
M B O G A M A L L G K B W M
A D N U T A M Q H H O U A I
R X A G K Z S W J A N S N J
U C G Z E I O H M L D T Y B
U B N W R W U W A A O A A A
V J Q R T A O W M Y O N M T
Q M A H I N D I N C I I A A
U M W A G I L I A J I R W U
C H A K U L A T V N Y E I B
W I N D M I L L R P R G K M
S Z E W U Z Z U O K I N Q Z
N C Z M C H U N G A J I G B
A M K U L I M A U F U P I H
S W Q K U K U A K R N S F M
```

| | |
|---|---|
| WANYAMA | UFUPI |
| SHAYIRI | MAZIWA |
| GHALA | BUSTANI |
| MAHINDI | KONDOO |
| BATA | MCHUNGAJI |
| MKULIMA | KUKUA |
| CHAKULA | TREKTA |
| MATUNDA | MBOGA |
| UMWAGILIAJI | NGANO |
| LLAMA | WINDMILL |

# 5 - Books

```
A K U T I S H A F Z G J X U
H D C E J R I Y A K W K M K
D H V O A N I M S A N I S U
A A M E Y X A A I K Z H I R
T L W R N N O S H I O I M A
K I A I A T S F I S J S U S
U M N W S Q U N J U U T L A
M B D A U G V R F H F O I H
C I I Y K Y H M E Z N R Z F
I L S A U E Q M R L L I I P
Q I H V K P C D I R I A H S
O H I B W I U V U M B U Z I
E V Q X U C M S O M A J I O
M C H E S H I H A D I T H I
```

ADVENTURE
MWANDISHI
UKUSANYAJI
MUKTADHA
HALI MBILI
EPIC
KIHISTORIA
MCHESHI
UVUMBUZI
FASIHI

MSIMULIZI
RIWAYA
UKURASA
SHAIRI
USHAIRI
MSOMAJI
HUSIKA
HADITHI
KUTISHA

# 6 - Meditation

```
G U I Q U J M A K I N I J F
K P T A Z Q M M B Y L Z Z O
L U A I G O A U H V X A B A
K D K M L Z M R K A Y W T Z
U T A U C Q A U I K S U M N
P M R V B M N H M M W I S U
U T A I R A I E Y A R N L F
M A H L J I L P A X T A W I
U Z X U K S L I I Z A R U J
A A D T W I Y W K I B K H U
R M H U T H B C E A I U K K
G O Z A W A M R Y M A H I P
B C W A K I L I P O A S P E
O W K O M U Z I K I G R A G
```

| | |
|---|---|
| KUKUBALIKA | WEMA |
| MAKINI | AKILI |
| AMKA | HARAKATI |
| KUPUMUA | MUZIKI |
| UTULIVU | ASILI |
| UWAZI | AMANI |
| HURUMA | MTAZAMO |
| HISIA | KIMYA |
| SHUKRANI | MAWAZO |
| TABIA | KUJIFUNZA |

# 7 - Days and Months

```
S J U M A M O S I P I J J F
O E E J U M A T A T U U J E
K D P J U M A P I L I M U B
T W Y T J U M A N N E A M R
R O A B O E A M W E Z I T A U
B I H C A M L W K M Z A A A
A R Y Z L I B H I V W N M R
K A L E N D A A A K N O W I
Q U L T A E V B R M I V A T
T N K P Z N P M D B I P K S
Y A I V G I Z E O F J S A O
B J E Q B E K V O C Y Q I G
H X Q W F I D O G X Z W J A
J U L A I B K N A P R I L I
```

| | |
|---|---|
| APRILI | NOVEMBA |
| AGOSTI | OKTOBA |
| KALENDA | JUMAMOSI |
| FEBRUARI | SEPTEMBA |
| IJUMAA | JUMAPILI |
| JANUARI | ALHAMISI |
| JULAI | JUMANNE |
| MACHI | JUMATANO |
| JUMATATU | WIKI |
| MWEZI | MWAKA |

# 8 - Energy

```
E N O Y I Z E L U X V Q G U
N L P R L E Z H X M L C V C
I N E J O R D I A H E D Z H
B L P K R C O A Y P U M O A
R S U B T X Y R O T O M E F
U G Z C E R P I L E Z I D U
T H B Q P M O G Z N B N K Z
M A F U T A R N L Y C O I I
H Q A F F H T I I U I B W A
M K Z F H C N Z Q K N A A Q
B E T R I I E A S L J K N B
J O T O Y P O M R I I T D I
E K I P H R H H Z A N M A F
E Q S Z D M T U R B I P O D
```

| | |
|---|---|
| BETRI | JOTO |
| KABONI | HAIDROJENI |
| DIZELI | KIWANDA |
| UMEME | MOTOR |
| ELEKTRONI | NYUKLIA |
| INJINI | PICHA |
| ENTROPY | UCHAFUZI |
| MAZINGIRA | UPYA |
| MAFUTA | TURBINE |
| PETROLI | UPEPO |

# 9 - Archeology

```
E H T M V U U K U J M N C U
Y O F T I C M T A A L A M S
Z A W A T H F K L F J P R T
H K A F U A L Q Y G Z U P A
M E S I F M M O N S S F K A
P A E T W B M A S A L I O R
D J F I V U G Q Z B W M M A
G E O U A Z F L G K Z R A B
F D R W T I H E K A L U T U
F N P F D A G O X U G O O X
T A T H M I N I S M N S K X
E P M A G O F U A I C V E R
V I R U B A K C I T R K O H
Y V W A M E S A H A U I B J
```

UCHAMBUZI
MIFUPA
USTAARABU
MJUKUU
ZAMA
TATHMINI
MTAALAM
MATOKEO
WAMESAHAU
MAFUTA

VIPANDE
SIRI
VITU
PROFESA
MASALIO
MTAFITI
MAGOFU
TIMU
HEKALU
KABURI

# 10 - Food #2

```
S Y I G A J I B I N I A H A
X I S V P G U R R D N R M B
U G K W P E P Y E U Y T B F
K I W I L O K O R B A I I C
U M Z G E P H H D I N C L H
K C C I D N I T M B Y H I E
V Z I H D Y Y M V A A O N R
T F L U E N Y D M Z C K G Y
J M P B X L J A L S S E A R
Y U Y O G A E U G A M T N E
Q A K I J V N S U M A H I L
D J I N G A N O D A N I O E
B W V N J B K J A K N A V C
C H O K O L E T I I E V B F
```

| | |
|---|---|
| APPLE | MBILINGANI |
| ARTICHOKE | SAMAKI |
| NDIZI | ZABIBU |
| BROKOLI | HAMU |
| CELERY | KIWI |
| JIBINI | UYOGA |
| CHERY | MCHELE |
| KUKU | NYANYA |
| CHOKOLETI | NGANO |
| YAI | MTINDI |

# 11 - Chemistry

```
J  H  M  T  A  E  L  E  K  T  R  O  N  I
J  O  B  H  L  A  M  I  V  M  H  N  C  Y
O  Q  T  I  K  I  M  O  T  A  A  S  S  Z
U  B  M  O  A  I  L  K  U  Y  N  M  Q  T
K  J  A  L  L  G  X  G  D  O  D  U  B  M
O  I  X  K  I  E  I  E  K  M  B  C  N  O
K  L  C  I  N  N  O  S  K  A  B  O  N  I
S  A  J  H  E  L  N  I  B  A  S  I  D  I
I  T  O  X  O  D  I  K  L  O  R  I  N  I
J  E  K  Z  S  C  A  P  S  T  B  S  S  V
E  M  U  Y  L  B  H  V  X  C  B  I  X  M
N  F  R  P  V  U  V  E  O  I  K  K  D  U
I  J  U  N  I  N  E  J  O  R  D  I  A  H
M  O  L  E  K  U  L  I  U  Z  I  T  O  C
```

| | |
|---|---|
| ASIDI | IONI |
| ALKALINE | KIOEVU |
| ATOMIKI | METALI |
| KABONI | MOLEKULI |
| KICHOCHEO | NYUKLIA |
| KLORINI | HAI |
| ELEKTRONI | OKSIJENI |
| MAMBO | CHUMVI |
| GESI | JOTO |
| HAIDROJENI | UZITO |

# 12 - Music

```
C Z T M Z G I Y E Q M R G J
D Y N P C N O M G D E H U N
A T Q L I I I D B B L Y G N
L L A R H Y T H M A O T M C
L E B T L A U C N B D H W L
A B E A X U A V E S Y M I A
B C T W M N S P S L H I M S
D G X O S U R O H C C C B S
M W A N A M U Z I K I E A I
A I R L Y R I C A L N L J C
E N E C C I N O M R A H I A
P A P U S H A I R I M S F L
A B O K I P A Z A S A U T I
K U R E K O D I K I Z U M B
```

| | |
|---|---|
| ALBAMU | MUZIKI |
| BALLAD | MWANAMUZIKI |
| CHORUS | OPERA |
| CLASSICAL | USHAIRI |
| ECLECTIC | KUREKODI |
| HARMONIC | RHYTHM |
| AMANI | RHYTHMIC |
| LYRICAL | IMBA |
| MELODY | MWIMBAJI |
| KIPAZA SAUTI | SAUTI |

# 13 - Family

```
H M N O U M M Q X B O B S B
D K G T T A Y T X T Z I H I
Y A O O O P O Q O C Z N A N
O M D T T A B A B T R A N T
E A F A O C A H P C O M G I
E M X W E H B M U M E U A I
U B A B A A U F B K M Z H
M J O M B A D G I B M J I R
L E F T R F H P U L P U J V
Z B E O F N J F L D B K P T
Z X N D B I B I B M N U C B
N M E B H A V L Q P Q U S B
P U X C S W Z Z H W B X I P
P V U N Q C R Z R A B B H S
```

BABU
SHANGAZI
NDUGU
MTOTO
UTOTO
WATOTO
BINAMU
BINTI
BABA
BIBI

MJUKUU
MUME
MAMA
MPWA
UBABA
DADA
MAPACHA
MJOMBA
MKE

# 14 - Farm #1

```
R R P J H A K W F N O S I B
I R U O F Q M C M D J W U H
O O N G B S C I L A S A W F
N D D O A G B Y Q M C E A V
N Y A O M B U Z I A Q L N Q
H G U J Z N K G B P G O J O
V X O K M O U I E B K B A A
Y O M M I L K Y P B C M W J
X D I S B U N C K J M T B Q
M N L N I E L E H C M B M O
X C I J A M U Z I O V B P Z
G W K H T U E U W N U Y A H
I D Q V X M V V L R H C K O
F A R A S I Y J P H D S A K
```

KILIMO
NYUKI
BISON
NDAMA
PAKA
KUKU
NG'OMBE
JOGOO
MBWA
PUNDA

UZIO
MBOLEA
UWANJA
MBUZI
HAY
ASALI
FARASI
MCHELE
MBEGU
MAJI

# 15 - Camping

```
M A W R A H A R U F K X C Y
M L X T W M H E M A A Q N Y
T A I H I W A Y K J M T D U
U D P M Z E B Y B Z B C W W
M V W W A Z F R N L A E R E
B E S U T I S M I A M O T O
W N O P D I R A B D W W X U
I T I M T N R V A N C A U W
W U L E C A B C C A A D W I
Z R O P G M T Z K Y K U C N
G E O H D A M W Y N O D N D
N Y D U P R P V G P F U K A
P B K K N A G E D J I E N J
A S I L I K U C R Z A V E I
```

| | |
|---|---|
| ADVENTURE | UWINDAJI |
| WANYAMA | WADUDU |
| CABIN | ZIWA |
| MTUMBWI | RAMANI |
| DIRA | MWEZI |
| MOTO | MLIMA |
| MSITU | ASILI |
| FURAHA | KAMBA |
| NYANDA | HEMA |
| KOFIA | MITI |

# 16 - Algebra

```
M  J  D  U  B  A  B  A  S  X  U  Z  C  T
J  C  A  H  S  I  S  I  H  A  R  Y  F  T
N  K  H  J  U  I  R  A  T  S  M  V  X  Y
K  U  P  O  I  N  O  I  T  A  U  Q  E  P
A  O  W  N  R  K  U  T  A  T  U  A  I  F
N  N  P  A  U  O  H  S  I  H  U  L  S  S
U  D  T  B  F  E  B  M  H  P  K  V  M  I
N  O  B  A  U  T  X  M  Q  A  J  X  E  E
I  A  K  M  S  M  N  P  Y  U  U  Z  H  Q
A  N  A  I  T  U  A  F  O  T  U  K  E  K
Y  J  I  X  U  O  N  G  O  N  N  L  S  B
R  T  I  T  T  A  T  I  Z  O  E  A  D  X
M  G  A  W  A  N  Y  I  K  O  E  N  I  K
J  U  M  L  A  T  U  M  B  O  R  O  T  C
```

| | |
|---|---|
| MCHORO | TUMBO |
| MGAWANYIKO | MABANO |
| EQUATION | TATIZO |
| EXPONENT | RAHISISHA |
| SABABU | SULUHISHO |
| UONGO | KUTATUA |
| KANUNI | KUONDOA |
| SEHEMU | JUMLA |
| USIO | KUTOFAUTIANA |
| MSTARI | SUFURI |

# 17 - Numbers

```
T  I  S  A  I  T  P  T  N  Y  N  N  C  A
K  U  M  I  N  A  N  N  E  U  N  N  T  G
A  T  L  M  I  B  B  E  W  T  K  T  E  M
D  A  P  U  R  A  W  A  F  A  J  T  A  O
C  T  A  K  I  S  U  E  S  T  M  K  A  J
N  A  N  E  H  A  Z  J  Q  A  H  U  T  A
Q  Y  B  Z  S  N  T  E  X  N  L  M  I  C
E  W  R  T  I  I  A  T  L  I  R  I  S  Q
W  E  U  Q  U  M  N  B  T  M  L  N  A  J
L  D  V  M  G  U  O  Y  A  U  I  A  N  R
D  V  G  B  P  K  Q  K  T  K  L  N  I  W
K  U  M  I  N  A  M  B  I  L  I  A  M  B
K  U  M  I  N  A  T  I  S  A  B  N  U  K
K  U  M  I  N  A  T  A  N  O  M  E  K  K
```

| | |
|---|---|
| NUKTA | SABA |
| NANE | KUMI NA SABA |
| KUMI NA NANE | SITA |
| KUMI NA TANO | KUMI NA SITA |
| TANO | KUMI |
| NNE | KUMI NA TATU |
| KUMI NA NNE | TATU |
| TISA | KUMI NA MBILI |
| KUMI NA TISA | ISHIRINI |
| MOJA | MBILI |

# 18 - Spices

```
F C A R D A M O M V A F T C
E I U C U R R Y K A S E A O
N U C H U N G U X N A N N R
U U G N U T I K S I F N G I
G A H W R E P X B L F E A A
R B C S N X I A Z L R L W N
E S I N A S J Q P A O B I D
E U U G N U T I V R N C Z E
K C U M I N R C I V I V I R
R O F F O D Z H I V S K I M
R Y A H D A L U T A M U A F
X Y R U L G A M N U T M E G
Q G A S L R S V F K T V C W
Z R K R O I N I S A L A D M
```

ANISE
UCHUNGU
CARDAMOM
MDALASINI
KARAFUU
CORIANDER
CUMIN
CURRY
FENNEL
FENUGREEK

LADHA
VITUNGUU
TANGAWIZI
NUTMEG
KITUNGUU
PAPRIKA
SAFFRON
CHUMVI
TAMU
VANILLA

# 19 - Universe

```
M W E O D N N M X G O Y F M
L B C L A T I T U D O O L W
O P I K A L A F L R E I M E
Q B T N K H Z S S U Q N K Z
V F S O G D I O R E T S A I
B A L E X U G J U A X X F U
U N O G A Q N C O S M I C N
F P S I T I T I B O G M I A
G K E R E H P S I M E H R J
A A B O W D A R U B I N I I
N E L V K F W W M K R F M M
G W L A I Z O D I A C I Z U
A P T B X J T W I X U U B C
L H X O P Y W C U V Q Q C N
```

| | |
|---|---|
| ASTEROID | HEMISPHERE |
| FALAKI | UPEO |
| UNAJIMU | LATITUDO |
| ANGA | MWEZI |
| MBINGUNI | OBIT |
| COSMIC | JUA |
| GIZA | SOLSTICE |
| EON | DARUBINI |
| IKWETA | ZODIAC |
| GALAXY | |

# 20 - Mammals

```
P A K A G I S A O K Z T M C
T B R K A N G A R O O E B O
G M M U L A I Z Z K D M W Y
O I X R G Y K Q F O O B E O
R S P V K N Y Z N N L O H T
I M J E Z L U D G D P B A E
L I B H C M X S O O H E L I
L G F W T L O J M O I A O B
A B W A A R M Z B S N V D X
T W I G A M Y B E M S E M N
K U B E B A W L O B U R U G
D K Z Y O F T I K W W I A H
N Y A N G U M I T A W D D A
F A R A S I H A I U W J I C
```

KUBEBA          GORILLA
BEAVER          FARASI
NG'OMBE         KANGAROO
PAKA            SIMBA
COYOTE          NYANI
MBWA            SUNGURA
DOLPHIN         KONDOO
TEMBO           NYANGUMI
MBWEHA          MBWA MWITU
TWIGA

# 21 - Fishing

```
T X S U V C G P Y W M K D M
Y B Y V C I H K V J Z Y W I
L P Q U T J F A W I Z O F Z
U Q J M P V N A M W A Q U A
Q O T I Z U Y M A B F L J N
K N S L D P S D A J O T M I
U A J I N A W P U P M X E Z
Z O K V Y K W J H Q E X A A
I D U U U I N T S B R Z T I
D N P J H K K K A Y A T I E
I W I G I L L S M M S I M U
S A K B A H A R I M A J I J
H Y A T N V M T N O M W E T
A A S K G T V X M S P O P Q
```

| | |
|---|---|
| CHAMBO | TAYA |
| KIKAPU | ZIWA |
| PWANI | BAHARI |
| MASHUA | UVUMILIVU |
| KUPIKA | MTO |
| VIFAA | MIZANI |
| KUZIDISHA | MSIMU |
| MAPEZI | MAJI |
| GILLS | UZITO |
| NDOANO | WAYA |

# 22 - Restaurant #1

```
Z E I Q C N Y W G F K U K U
K P R E I H S A C I S S L M
B A K U L I A M A Y N I V A
J L S Y O D S K I X X K I C
F U V N R S Z U U H R B U H
Q K Z E T A K M B L H C N A
F P V M O L E S O J A W G C
N X K S S E R T I A W B O H
S A H A N I M N Z S A P Z E
J I K O N I I C M D H K R A
V D E S S E R T H L A C E F
A T H S J P C Z U U K A E Y
J M B G N N R S D E Z A F L
R E S E R V A T I O N I W T
```

| | |
|---|---|
| MZIO | KISU |
| BAKULI | NYAMA |
| MKATE | MENYU |
| CASHIER | LESO |
| KUKU | SAHANI |
| KAHAWA | RESERVATION |
| DESSERT | MCHUZI |
| CHAKULA | MACHACHE |
| VIUNGO | KULA |
| JIKONI | WAITRESS |

# 23 - Bees

```
M X Z M A B A W A P C P Y B
K A G N I Z M O V U H O O U
Q C L I C V Y F R M A L D S
P B Z K M P V Q W B K L S T
H Z B I I L A S A A U I A A
G M G T P A J W W V L N R N
M A K A Z I C A A V A A I I
L W X X R I A E D I Y T G V
Q A P I Z N I M U N K O N I
U T O F A U T I D E U R I H
J V U K Z S M M U L P T Z S
F U M A U A Y R Y O G E A O
E W A N T A K O N P D J M M
T E E T L M A N U F A A Q R
```

| | |
|---|---|
| MANUFAA | WADUDU |
| UTOFAUTI | MIMEA |
| MAZINGIRA | POLENI |
| MAUA | POLLINATOR |
| CHAKULA | MALKIA |
| MATUNDA | MOSHI |
| BUSTANI | JUA |
| MAKAZI | PUMBA |
| MZINGA | NTA |
| ASALI | MABAWA |

# 24 - Weather

```
O H C F N J E H K F Q U W K
T T R Y W P C S I I N C V G
D H O R U B A X M K A N G A
M J N J V R F M B I A S V F
H Y B A R A F U U P T V Q J
S M N W Y L Z V N O Y M U C
Y A P E P O J I G R S M G W
U F T H M P D L A T X J N R
F U D A G E S U G I R Q I V
H R G Y R M M T W K O D W G
W I X I A A C U G N I W A C
C K X L D K P U P E P O M P
R O F A I U G N U K U Q N M
Z I A H L N I D M N O Q B N
```

ANGA
PEPO
UTULIVU
HALI YA HEWA
WINGU
MAWINGU
UKAME
KAVU
MAFURIKO
UKUNGU

BARAFU
UMEME
POLAR
DHORUBA
JOTO
RADI
KIMBUNGA
KITROPIKI
UPEPO

# 25 - Adventure

```
M F Q Z P C U F P Y J M U S
A N C D G H S S I L A P Z H
R O P P L A A S R U F Y U U
U I O U M N L J Q R M A R G
D S I I C G A U G U M U I H
I R R Z I A M A H V H W I U
O U I I I M A D L Y R Q S L
V C S L K O G I S Q J Y A I
G X A A I T X A H A R U F G
J E J D F O R W A B I T A R
W R U N A I G A U K L I N H
H A T A R I R K K F I A G C
E Q I A A N Y I U E S J L D
O X U M M W L Z Z P A A P Q
```

| | |
|---|---|
| SHUGHULI | MARAFIKI |
| UZURI | RATIBA |
| UJASIRI | FURAHA |
| CHANGAMOTO | ASILI |
| NAFASI | USAFIRI |
| HATARI | MPYA |
| MARUDIO | FURSA |
| UGUMU | MAANDALIZI |
| SHAUKU | USALAMA |
| EXCURSION | KAWAIDA |

# 26 - Sport

```
J M F D Q K R V F K M L O M
O I L U S I M A W O E I X L
W G J O U P D O B C T S M Q
A D T F N W Q B N H A H I Q
W L Z E J U E Y P A B E C I
K U C H E Z A Z X Z O M H Z
K U O G E L E A O E L P E K
J O G G I N G P L G I A Z U
B M G G N G U V U N C N O P
M I F U P A Y F A O M G Y U
O K S T O I D F K N W O O M
D X L F M W T F V A I E M U
X H Q S M T T I U G L R M A
B A U N I I L E K S I A B G
```

UWEZO

MWILI

MIFUPA

MOYO

KOCHA

BAISKELI

KUCHEZA

MLO

AFYA

JOGGING

ONGEZA

METABOLIC

MISULI

LISHE

MPANGO

MICHEZO

NGUVU

KUPUMUA

KUOGELEA

# 27 - Circus

```
P K X W O U I F G O T Q F F
X X A J V O C Z V Y M Z V E
A C B M G Y B H V F L B W T
Y N P I C G C T A B O R C A
O Y X X O H G W R W X R U I
S N O O L L A B E R I J Y J
W A N Y A M A W G A P L G A
J B T E M B O Y I K I Z U M
U M J P C T W Z T P P S T A
G I E N E D I R A W G N G Z
G S T K J F P K M T X Y H A
L O N Y E S H A E T Z A I T
E M U T S O C B H T J N L M
R K U V U T I A K M I I A Q
```

ACROBAT            NYANI
WANYAMA            MUZIKI
BALLOONS           GWARIDE
PIPI               ONYESHA
COSTUME            KUVUTIA
TEMBO              MTAZAMAJI
JUGGLER            HEMA
SIMBA              TIKETI
UCHAWI             TIGER
MCHAWI             HILA

# 28 - Restaurant #2

```
C F X E A O I Q Y E Y B N Z
O H G X M S L U T U N B O A
Y T A M U E U H I I F U V C
C R D J I L S A L A D I T I
A H N H I D L A D H A E L T
P B U U G O K I N Y W A J I
P L T M A O U J A P C G B K
E A A U V N C A U Y A O A E
T K M D J I R M A X A B R Y
I E C U J K I J I K O M A N
Z K S H V I U N G O P N F E
E I J M J R P V X B Q L U W
R T O E G D U E T B L F I M
S A M A K I S U L P N G Y E
```

APPETIZER
KINYWAJI
KEKI
MWENYEKITI
LADHA
CHAJIO
MAYAI
SAMAKI
UMA
MATUNDA

BARAFU
NOODLES
SALADI
CHUMVI
SUPU
VIUNGO
KIJIKO
MBOGA
MHUDUMU
MAJI

# 29 - Geology

```
M M O M O N Y O K O M W K F
O U L E W A B M U T A M U M
S F W V B V N P D I F V Y I
P A N G O H X B W E U O E Z
O S M N B U J D E T T L Y U
P J U A S I D I W I A K U N
L D I N I D A M X T H A K G
P B C W J U M X L C Y N A U
Q C L R E S Y E G A H O F K
U W A R A B T X H L V C U O
A R C A S M O M S A T A W E
R V C H U M V I V T X Y E G
T B I Z L R Z V R S V U L T
Z P L A T E A U S F K Z E Z
```

ASIDI
CALCIUM
PANGO
BARA
MATUMBAWE
FUWELE
MIZUNGUKO
MMOMONYOKO
MAFUTA
GEYSER

LAVA
SAFU
MADINI
KUYEYUKA
PLATEAU
QUARTZ
CHUMVI
STALACTITE
JIWE
VOLKANO

# 30 - House

```
U U A B A T K A M E L U M G
M Z A Q U K X T M J J K L U
H T I A H S I R I D I U A N
K S M O P S T O A D K T N O
K S A K A F U A O E O A G X
U B Q G A H J T N Z N X O N
O U G N U F X A E I I Z S N
G H D U I X K H M A T T I C
A A P F O I O D A O R U I E
B Y C A E C A L P E R I F I
M X E G A R A G A M J V O F
U G N I G A T C Z X F V T C
H I Q O D V O M I N A M A S
C K Y C C L M C A O Y H T R
```

| | |
|---|---|
| ATTIC | FUNGUO |
| UFAGIO | JIKONI |
| MAPAZIA | TAA |
| MLANGO | MAKTABA |
| UZIO | KIOO |
| FIREPLACE | PAA |
| SAKAFU | CHUMBA |
| SAMANI | KUOGA |
| GARAGE | UKUTA |
| BUSTANI | DIRISHA |

# 31 - Physics

```
N Y U K L I A M C W O T E F
F C M Z G M K O L H I K D M
O R O W E O A L N V E L P I
K H E L S T N E J X B M O S
U E B Q I A U K I F S T B A
F H I V U A N U A Y C V M E
A L U I X E I L Y I I S A K
H X J S G H N I Z U N A P U
C K Q Z I T W C I N A I W R
A R C O A A U X Y P H F U B
M M S I T E N G A M C J Y X
C X I W L L D O Q W E L Q X
E L E K T R O N I U M I V M
K E M I K A L I I N J I N I
```

ATOMI
MACHAFUKO
KEMIKALI
WIANI
ELEKTRONI
INJINI
UPANUZI
KANUNI
FREQUENCY
GESI

MAGNETISM
MISA
MECHANICS
MOLEKULI
NYUKLIA
CHEMBE
UHUSIANO
KASI
WOTE

# 32 - Coffee

```
A S K U N Y W A I C S I C C
W S A P G G S S R A D L R N
I K U G J A C L A D H A E B
Z I V B A C W N K P M K A B
A K E S U H H U U Y J I M A
M O O N T H I U S Y P D T S
Y M I A K E I G J Q E N O I
R B K B E I F N P A N I A L
I E M A J I G U Q C I T H I
U P M A P F H H G Q E E N X
N Y E U S I V C X Z F B P G
D H A R U F U U T E F C S Q
K I N Y W A J I B U A H B C
G J U D W T V F X U C M O T
```

| | |
|---|---|
| TINDIKALI | SAGA |
| HARUFU | KIOEVU |
| KINYWAJI | MAZIWA |
| UCHUNGU | ASUBUHI |
| NYEUSI | ASILI |
| CAFFEINE | BEI |
| CREAM | SUKARI |
| KIKOMBE | KUNYWA |
| CHUJA | AINA |
| LADHA | MAJI |

# 33 - Colors

```
V G Y K W F Y M T A I S P C
Z A M B A R A U A W S J T Y
M S C L L V V W N G U P I A
F F B K A D M E A N E H D N
Z Z O N A Z Y T T U Y N G O
V S H I T H U L T H N N T N
I B K P B W A R J C I Y F A
B E N D E R A W E A R E U J
Z P N E J X N O I M V K C N
P U F G Y C L G T A I U H O
B E K I J A N I G V O N S A
Z Y R E F D Q D P R L D I H
H N O B I Q A N Q T E U A R
B L U U V I J I K J T U S G
```

AZURE
BEIGE
NYEUSI
BLUU
KAHAWIA
BENDERA
CYAN
FUCHSIA
KIJANI
KIJIVU

INDIGO
MAGENTA
MACHUNGWA
PINK
ZAMBARAU
NYEKUNDU
VIOLET
NYEUPE
NJANO

# 34 - Climbing

```
K E K L I H D R A H N C D M
E O U T C E L A G Y Y K Z A
V U F U U B N M N V E V E F
I V E I V C W A Z N M I T U
L I R U A C F N I Q B O O N
I L U C L H U I H K A N M Z
W U V U G N A D I V M G Y O
M T A A L A M R A D B O I Z
I U P A N G O R E D A Z O S
K V M V T N L K N J I I A A
S O T O M A G N A H C S V M
K U P A N D A B U T I R I U
P N L G R L R B I B B Y V E
X N X L U E P R F W K X D F
```

| | |
|---|---|
| UREFU | KUPANDA |
| ANGA | JERAHA |
| BUTI | RAMANI |
| PANGO | NYEMBAMBA |
| CHANGAMOTO | KIMWILI |
| UDADISI | UTULIVU |
| MTAALAM | NGUVU |
| GLAVU | ARDHI |
| VIONGOZI | MAFUNZO |
| KOFIA | |

# 35 - Shapes

```
K V E P C I N A F B I D R M
P O J A E V O D U A R A B V
I M N H S M R H R C D G E I
R R I A P S B C T A O O E R
A A O D I N F E P R I S M I
M B E N L P Y H N N I K J N
I A U I L V L A W Y K X P G
D W P L E H F A N O I P A O
I P A I T G K L F J X N Q G
N F N S O T P N U W A H G N
O I D M C H E M R A B A I I
K D E H Y P E R B O L A U Z
P E M B E T A T U I O J C I
M S T A R I L I T A T S M K
```

| | |
|---|---|
| TAO | MVIRINGO |
| DUARA | PEMBENYINGI |
| KONI | PRISM |
| KONA | PIRAMIDI |
| MCHEMRABA | MSTATILI |
| KIZINGO | UPANDE |
| SILINDA | NYANJA |
| ELLIPSE | MRABA |
| HYPERBOLA | PEMBETATU |
| MSTARI | |

# 36 - Scientific Disciplines

```
N L M A D I N I I E A J Z B
F E I V V A A U K E C F G I
I B U S G R I M O T A N A O
Z I J R H Z J I L G L Q I L
I O I J O E O S O K N A C O
O C O Q S L L I J A E S A J
L H L F I T O W I K T M F I
O E O V W E K G A I S D I A
J M J O X W I V Y L X B F A
I I I M A J A U M I J A N U
A S A J C T S U Y A T D H F
X T K I N E S I O L O G Y I
H R H A L I Y A H E W A M W
Z Y I M M U N O L O G Y B K
```

ANATOMI                KINESIOLOGY
AKILIA                 ISIMU
UNAJIMU                HALI YA HEWA
BIOCHEMISTRY           MADINI
BIOLOJIA               NEUROLOGY
KEMIA                  LISHE
IKOLOJIA               FIZIOLOJIA
JIOLOJIA               SAIKOLOJIA
IMMUNOLOGY             JAMII

# 37 - Science

```
H N M R I I B T X F S G X H
Q N J A W E H A Y I L A H Y
B T H I J K C T X Z D V M P
A R A B A A M A G I O P O O
A G Y Q O W R D A K W M L T
M A G E U Z I I L I S A E H
M L W B A M H L B A B F K E
Z A P M S V T A I I V U U S
K C D U O U M K G R O T L I
X T M I F T I I G A S A I S
C B Z K N O M M Y H F T K L
W G W V H I E E B M E H C V
A T O M I O A K U K W E L I
M W A N A S A Y A N S I E T
```

ATOMI
KEMIKALI
HALI YA HEWA
DATA
MAGEUZI
MAJARIBIO
UKWELI
MAFUTA
MVUTO
HYPOTHESIS

MAABARA
NJIA
MADINI
MOLEKULI
ASILI
KIUMBE
CHEMBE
FIZIKIA
MIMEA
MWANASAYANSI

# 38 - Beauty

```
L I P S T I C K F N O H Q O
D U F U R A H I P H E S F O
F I K B A A T U F A M E I P
E E Q I E C N A G E L E M M
A M U D U H R G L A I N I A
K S Y H X Y K G I W I C V H
Y I W A D A W F O Y I U I S
P R F A S Y A B I A H R P S
I J G A P W N R Q W V L O T
F F X R H K J Z J D W S D Y
N G O Z I A A M K A S I O L
P W K I O O R V S Y K N Z I
G Q D M H F L I C U I G I S
P H O T O G E N I C P G U T
```

| | |
|---|---|
| HAIBA | KIOO |
| RANGI | MAFUTA |
| VIPODOZI | PHOTOGENIC |
| CURLS | BIDHAA |
| ELEGANCE | MKASI |
| KIFAHARI | HUDUMA |
| HARUFU | SHAMPOO |
| NEEMA | NGOZI |
| LIPSTICK | LAINI |
| WANJA | STYLIST |

# 39 - Clothes

```
K V U G R B W U G Q D T Q U
S U I B S Z Y M S J E A N S
U V J A I F O K H Z F U G A
R O B I T F C I A T E W S M
U K G L T U K N T R I K S A
A K L I O I R G I W B R U J
L I A G D U A U U K A N D A
I A V N N Z S O T J Z O I P
X T U A I N T E U G Y R H D
E U D B T A H E G A X P M T
V E X I M K F Z E L U A R A
T C R S G N G H Y P L O B C
D X K O T I N Z U G J S Z F
G Y F P M G X H D P P H U H
```

| | |
|---|---|
| APRON | JEANS |
| UKANDA | KUJITIA |
| BLOUSE | PAJAMAS |
| BANGILI | SURUALI |
| KANZU | VIATU |
| NGUO | KOVU |
| MTINDO | SHATI |
| GLAVU | KIATU |
| KOFIA | SKIRT |
| KOTI | SWETA |

# 40 - Insects

```
D R A G O N F L Y K E B W J
S P H O T O B O R I K I F E
O O Q K W T U A I P Z S S N
B N A W A J U P L E P N H G
I O R Z A H B H N P K G A O
W L X N G R M I A E I U U P
M C H W A Y N D C O W B J N
T E N R O H F S J I H Y M Y
E K O M M I N Y O O C D C U
M D N Z A I O J N S N A E K
U F D Y P N W A S P Z L D I
E Y O H U D T K H Q I T N A
Z I X O Q L P I O C G C E X
N I O D Z A K F S C E P M L
```

| | |
|---|---|
| ANT | HORNET |
| APHID | LADYBUG |
| NYUKI | BUU |
| MENDE | NZIGE |
| KIPEPEO | MANTIS |
| CICADA | MBU |
| JENGO | NONDO |
| DRAGONFLY | MCHWA |
| KIROBOTO | WASP |
| PANZI | MINYOO |

# 41 - Astronomy

```
N M M D H O S H C O W F N U
E W W F W J A E C L I P S E
B A E Y R O T A V R E S B O
U N Z Y O M E D C O S M O S
L A I H E I L E U F E S Y A
A A B I T O L Q L N J I E S
G N R I E N I U M N I K M T
N G G O M Z T I R A Y A S E
A A M A K I E N X P T L T R
D J T O L E T O Q L Q A V O
K S N R L A T X G I G F Z I
Z O D I A C X I D V C Z B D
I G J I K D U Y D A O U M H
C O N S T E L L A T I O N M
```

ASTEROID
MWANAANGA
FALAKI
CONSTELLATION
COSMOS
DUNIA
ECLIPSE
EQUINOX
GALAXY
METEOR

MWEZI
NEBULA
OBSERVATORY
SAYARI
MIONZI
ROKETI
SATELLITE
ANGA
ZODIAC

# 42 - Health and Wellness #2

```
A Y F A G P K O L E M Y B L
N J U N E O A I E V I Z Z X
A P Z O N M A S S A G E I I
T Q I P E N L J S F Z V L O
O I T U A U I Q Z A I A L L
M I O K I V M R S W V T T M
I T H Y C A A O C H S A I S
H A M U S W D L O X E M P T
Z H Y Q W J D A I D G I S R
R S B V X N C K W H N N O E
B I D X K O K D B E B I H S
D N C S N G C C P Z E Q G S
M A A M B U K I Z I F A S U
A Q V M P M K W E S U N Z M
```

| | |
|---|---|
| MZIO | HOSPITALI |
| ANATOMI | USAFI |
| HAMU | MAAMBUKIZI |
| DAMU | MASSAGE |
| KALORI | MOOD |
| MLO | LISHE |
| UGONJWA | KUPONA |
| NISHATI | STRESS |
| GENETICS | VITAMINI |
| AFYA | UZITO |

# 43 - Time

```
E  N  S  W  F  J  K  M  M  O  C  P  T  M
B  B  V  I  R  A  I  Z  E  W  M  T  N  C
B  F  K  K  K  T  H  Q  N  C  A  A  S  H
A  U  K  I  S  U  U  A  R  W  S  K  D  A
A  D  G  W  Y  A  B  N  A  R  A  Y  A  N
D  K  H  Z  X  Y  U  A  K  D  S  V  K  A
A  M  E  P  A  M  S  D  A  X  W  S  I  L
Y  K  B  P  G  U  A  N  L  D  J  U  K  B
E  L  R  X  F  O  O  E  L  D  A  Z  A  A
Y  C  E  M  O  N  I  L  W  A  M  Y  D  K
B  F  G  Z  T  G  B  A  W  Q  P  M  A  J
Y  X  A  Y  S  O  R  K  B  A  P  U  U  A
H  I  V  I  K  A  R  I  B  U  N  I  N  N
N  O  R  T  R  M  L  Q  O  S  T  X  S  A
```

| | |
|---|---|
| BAADA YA | MWEZI |
| KABLA | ASUBUHI |
| KALENDA | USIKU |
| KARNE | MCHANA |
| SIKU | SASA |
| MUONGO | HIVI KARIBUNI |
| MAPEMA | LEO |
| BAADAYE | WIKI |
| SAA | MWAKA |
| DAKIKA | JANA |

# 44 - Buildings

```
X M C H O S T E L I I T W S
F A D N A W I K Y C L K D H
G K X R N G T L B G E C Z A
H U U K I K O U H C T J J M
A M O B S E R V A T O R Y B
L B J M V Z J X I C H Q Z A
A U N I B A C E L U H S U M
J S U G D B M G Z H W I A E
N H U B O I L A T I P S O H
A O R K A M H R A M E N I S
W V N X L L E A W B R L Z M
U M N A R A O G T P A W U K
G H O R O F A Z U L C R Q M
V D M A X T G G I C Y A A C
```

GHOROFA
GHALA
CABIN
NGOME
SINEMA
UBALOZI
KIWANDA
SHAMBA
GARAGE
HOSPITALI

HOSTELI
HOTELI
MAABARA
MAKUMBUSHO
OBSERVATORY
SHULE
UWANJA
HEMA
MNARA
CHUO KIKUU

# 45 - Philanthropy

```
V L U K I M A T A I F A U U
O T O M A G N A H C G R K A
J H T D M I H O G N E L A M
A I O P G A A A T I X G R I
M S T L Y G W E J R R K I N
I T A D U A D Z L A Y D M I
I O W Z M M I P A N G O U F
Y R O N A I L I S A W A M U
D I C W D P N M R J W I H C
Z A R O A H D E F I A J I M
V I K U N D I R H V T Z S C
B Q T Y I R J W F S U R A G
J E T B B M A N B I I V N U
B J N X U K X Q O B I M I Y
```

CHANGAMOTO          HISTORIA
HISANI              UAMINIFU
WATOTO              UBINADAMU
JAMII               MISHENI
MAWASILIANO         HAJA
FEDHA               WATU
UKARIMU             MIPANGO
KIMATAIFA           UMMA
MALENGO             VIJANA
VIKUNDI

# 46 - Gardening

```
V Q G M S M J U U U M I S M
E R O X P I M C D J A U J L
R G A C Y S C H V M U D C M
F O X Z N T C A H A A O H B
C H A K U L A F Z J E N U O
M O I R U A W U T A M G N J
A L S W K I E I E N I O Y I
J T Z Z I N H V U I M G E A
I J X U G A A R Q N B F V I
A F V A E V Y H U A E J U Y
F H F H N V I K O T G A N I
G Q Q H I U L D B S U N U W
W S X T C Z A P C U E I V L
Z W B A C C H O M B O U R A
```

| | |
|---|---|
| MAUA | HOSE |
| MIMEA | JANI |
| BOUQUET | UNYEVU |
| HALI YA HEWA | BUSTANI |
| MBOJI | MSIMU |
| CHOMBO | MBEGU |
| UCHAFU | UDONGO |
| CHAKULA | AINA |
| KIGENI | MAJI |
| MAJANI | |

# 47 - Herbalism

```
R O S E M A R Y O E S Y M Q
B D T W A U J R O G N U I K
X D M M E A I K U N U K N D
Y E M Q O B F L F O X O T Q
E H F L Q Q G U P I S H I E
L A V E N D E R N N T Q N Y
S O G N M B S R J A H D A L
R A I N K A Z M C H M V T J
A C F E W H R B O I E J S X
P Q Z F M Y Y J X R D P U O
K Z X E R P N Q O M X A B D
X L U Z G O A I Y R G Y T J
L G Q T N H N U I N A J I K
V I T U N G U U D Y O M N X
```

KUNUKIA

MRIHANI

MANUFAA

UPISHI

FENNEL

LADHA

UA

BUSTANI

VITUNGUU

KIJANI

KIUNGO

LAVENDER

MARJORAM

MINT

PARSLEY

MMEA

ROSEMARY

SAFFRON

# 48 - Vehicles

```
K U X Y U V P W G B K G N M
S I S K E T G V O B K V M A
P U V E C N A L U B M A V N
I C B U Z N R O T O M R O O
K E T W K O I R I A T A M W
I K R J A O T L F L W F V A
P C E F T Y E G E D N A E R
I I K S P Q K F I K F S S I
K N T Z O B O Y Z M S M W A
I J A M K A R M F Z N I B K
R I N C I S E I M B T F A R
O N R Y L I R Q D C C H U B
L I O R E W N J V Y T W B P
F Y A U H S A M D Q D M A M
```

NDEGE
AMBULANCE
BAISKELI
MASHUA
BASI
GARI
MSAFARA
INJINI
KIVUKO
HELIKOPTA

MOTOR
RAFT
ROKETI
PIKIPIKI
MANOWARI
SUBWAY
TEKSI
MATAIRI
TREKTA
LORI

# 49 - Flowers

```
K G A P D I S R N G E L B O
T W I E E T E U Q U O B B R
D M L T W I N K C D M P I C
W A O A J F I E A S K U W H
N R N L I U M V L L I R D I
B M G D Y V S E I X M B A D
T X A T E M A W L W H H I V
B A M Y H L J T U L I P S H
A Z T P K S I P O Q D R Y T
A L I Z E T I O Y N O E P X
L A V E N D E R N L I V P X
F Y D A F F O D I L I O O M
W T W J H A I R E M U L P X
G A R D E N I A O A R C A T
```

BOUQUET
CLOVER
DAFFODIL
DAISY
DANDELION
GARDENIA
HIBISCUS
JASMINE
LAVENDER
LILAC

LILY
MAGNOLIA
ORCHID
PEONY
PETAL
PLUMERIA
POPPY
ALIZETI
TULIP

# 50 - Health and Wellness #1

```
A K I Z M U P U K N T I Q Y
F R A C T U R E U J B I U Y
F T P V K T Y D P A R K B C
D Y U F E R U H U A U I A A
A F F A J N W R M I B N B M
R K I R R J M M U B M I I R
Q F M D S E D Q A A I L T A
X I O M T P F J A T S K A H
K R Z P U Z O L Y B U V M P
B A K T E R I A E N L I A H
V T N G O Z I J P X I R J A
W K E Z Q E R Y T N S U R I
S A Y G R H O M O N I S X O
D D Q C G T E G T L F I Q D
```

| | |
|---|---|
| HAI | MISULI |
| BAKTERIA | NEVA |
| MIFUPA | PHARMACY |
| KLINIKI | REFLEX |
| DAKTARI | KUPUMZIKA |
| FRACTURE | NGOZI |
| TABIA | TIBA |
| UREFU | KUPUMUA |
| HOMONI | MATIBABU |
| NJAA | VIRUSI |

# 51 - Town

```
U Y K G G S O G F P J E N U
M G A H A W A G L H S O K O
O O H S U B M U K A M Q T X
E K O D F N U Z J R O N S O
D S H I Z O O W A M E N I S
U U K I K O U H C A L A R N
K P K U W A N J A C U I O M
C W E A C K R V Z Y H R L K
K L I N I K I H X O S P F A
Q S K V U T O U O X C O F T
P S N S A L U N I T D R G E
Q V E T J C A A V X E T X R
G A B A T K A M S V N L U P
W L B O O K S T O R E Y I Y
```

AIRPORT
MKATE
BENKI
BOOKSTORE
SINEMA
KLINIKI
FLORIST
HOTELI
MAKTABA
SOKO

MAKUMBUSHO
PHARMACY
MGAHAWA
SALUNI
SHULE
UWANJA
DUKA
CHUO KIKUU
ZOO

# 52 - Antarctica

```
F T T T Z W Z C G T K N X W
M T B P O D R D I L F H K I
A M P E A P N U C H T W B I
D A M N B N O M A W I N G U
I Z A I M A Z G U U M R K M
N I I N A K R V R F I Q W M
I N F S I S N A Y A S I K S
J G A U M Z C M A R F T R A
A I R L J B P A B A F I U F
I R G A O J B J N B C F A A
M A O J M C O I Q C U A S R
A W I S I V F T G O T T D A
H A J O R U G X O V J M I R
U H I F A D H I S E G E D N
```

BAY
NDEGE
MAWINGU
UHIFADHI
BARA
COVE
MAZINGIRA
MSAFARA
JIOGRAFIA
BARAFU

VISIWA
UHAMIAJI
MADINI
PENINSULA
MTAFITI
MIAMBA
KISAYANSI
JOTO
TOPOGRAFIA
MAJI

# 53 - Ballet

```
K I W A N G O T G N X I M B
M S E X P R E S S I V E A E
R A I S H A R A S M R M Z C
R L K A Y M M G L T H A O H
L D C O B I B C U I Y S E O
X A H U F H I W J N T O Z R
M X N N M I N F U D H M I E
B U Q I I H U M Z O M O I O
D Y Z V R L C S I P N S N G
Y D L I P E M T U N Z I A R
X P W D K I L U S I M O S A
C E C J U I A L I Z X V I P
O R C H E S T R A Q W M K H
H A D H I R A V K B P Z K Y
```

MAKOFI
KISANII
HADHIRA
BALLERINA
CHOREOGRAPHY
MTUNZI
EXPRESSIVE
ISHARA
KIWANGO

MASOMO
MISULI
MUZIKI
ORCHESTRA
MAZOEZI
RHYTHM
UJUZI
MTINDO
MBINU

# 54 - Fashion

```
M Z I Z B H H V R X L O G M
W U F U K U T U I S T Q H T
E V E C A L W B V F E K A I
N D F D W A S I L I U W L N
E D Y U A V E V F O S N I D
N E V X I R A H A F I K G O
D O Z O D V I T E N D O B O
O T T A K J F M Y K N O M
M I N I M A L I S T I A U I
M A V A Z I N F Q D S F T P
Q E R X G E G A B G A M I I
R A H I S I N X F B S W Q V
K I T A M B A A A A U A T U S
E M B R O I D E R Y U S E G
```

NAFUU                MINIMALIST
BOUTIQUE             KISASA
VIFUNGO              KAWAIDA
MAVAZI               ASILI
KIFAHARI             MFANO
EMBROIDERY           VITENDO
GHALI                RAHISI
KITAMBAA             MTINDO
LACE                 UTUKUFU
VIPIMO               MWENENDO

# 55 - Human Body

```
S  Y  K  F  P  E  K  K  Y  M  J  W  I  Z
H  S  I  T  O  G  U  I  I  Z  O  G  N  X
E  S  W  V  B  E  I  Q  F  C  W  E  Z  S
S  A  I  D  E  I  T  L  K  U  H  J  H  G
X  N  K  G  G  M  G  S  I  M  N  W  H  R
L  K  O  X  A  Y  A  T  D  A  L  D  A  O
D  I  I  A  U  U  G  M  E  D  L  I  O  L
X  D  K  B  P  O  C  O  V  C  I  M  S  W
P  O  I  E  O  U  E  G  U  P  V  H  U  S
P  L  S  S  G  J  F  N  L  F  F  O  C  C
G  E  C  Z  N  Z  F  I  M  M  K  O  N  O
N  M  O  Y  O  U  M  H  M  M  D  O  M  O
H  P  W  G  B  N  E  S  O  G  M  D  C  R
A  T  U  X  U  R  V  Z  Q  T  O  K  P  G
```

| | |
|---|---|
| KIFUNDO | KICHWA |
| DAMU | MOYO |
| MIFUPA | TAYA |
| UBONGO | GOTI |
| KIDEVU | MGUU |
| SIKIO | MDOMO |
| KIWIKO | SHINGO |
| USO | PUA |
| KIDOLE | BEGA |
| MKONO | NGOZI |

# 56 - Musical Instruments

```
C T A R U M B E T A C I N P
K L S E R A X U D Z Y Q O I
V I A T I G N O G X C V I A
I R N R N G Y P V V P P S N
O A O U I N O F A S K A S O
L T O N B N K M F K U C U N
I A S F Q I E L A H X I C G
N O S B T B O T Z R C N R O
N T A V E M B Q L Y I O E M
V I B Z A I O L L E C M P A
M A N D O L I N D V J R B D
B A N J O I U T F C M A Q A
S J P H Z F T X Q J A H O N
T R O M B O N E M A Y S I W
```

| | |
|---|---|
| BANJO | MANDOLIN |
| BASSOON | MARIMBA |
| CELLO | OBOE |
| CLARINET | PERCUSSION |
| NGOMA | PIANO |
| FILIMBI | SAKSAFONI |
| GONG | TARI |
| GITA | TROMBONE |
| HARMONICA | TARUMBETA |
| KINUBI | VIOLIN |

# 57 - Fruit

```
D G X J A P P L E I N R P W
P C D B C R U M I D N N N K
R H Y R R E B P S A R F M W
M A P E R A I S A N A N A M
H L D E D R B K I W I R V D
R P F Q I Z A N Q K B T U B
P N V R F B Z E L R L E J I
P C H E R Y C C P E A C H A
A I A E Y O V T O C I R P A
P J J B M G A A G O N X C R
A K U D M B V R Z J I L V O
I T I K I T E I L F T G I U
B E R R Y Z I N K G M P O M
A V O C A D O E N D I Z I V
```

APPLE

APRICOT

AVOCADO

NDIZI

BERRY

CHERY

NAZI

MTINI

ZABIBU

MAPERA

KIWI

NDIMU

EMBE

TIKITI

NECTARINE

PAPAI

PEACH

PEAR

MANANASI

RASPBERRY

# 58 - Engineering

```
Q D O M I P I K X K P S U U
R P D E A X P W X I E H J S
G J N P I S A H F N M V E A
V M U H N B H M E A B G N M
U T U L I V U I A S E X Z B
V R M V J S H T N Z A B I A
K I P E N Y O A H E C B K Z
K X N G I Q A H V O T K U A
L E V E R S D S V R D A D J
M H I M I L I I M O T O R I
D I Z E L I U N M H R J K Z
G K I O E V U I W C O F G I
K I P P A V H M D M S N L C
M T A P R O P U L S I O N O
```

| | |
|---|---|
| PEMBE | INJINI |
| MHIMILI | GIA |
| HESABU | LEVERS |
| UJENZI | KIOEVU |
| KINA | MASHINE |
| MCHORO | KIPIMO |
| KIPENYO | MOTOR |
| DIZELI | PROPULSION |
| USAMBAZAJI | UTULIVU |
| NISHATI | MUUNDO |

# 59 - Government

```
D E M O K R A S I A L S M V
T K I S H E R I A G H I O P
W A L A D A J M L U H A N J
I I I H C N A N A W M S U Z
L R H F J P M G O I N A M A
A E S A A H A Q B F E B E K
Y H D A L G K M O U C I N I
A S Q O T I A Z M U Q T T O
L C H A O F H H A K I A K N
X C H O V C A M N M L K X G
C Z Y X T H M U S A W A Y O
C W B V Z U R U H U G M U Z
Q D V L D F B I S H A R A I
P A X I V Q I A U R A I A F
```

| | |
|---|---|
| URAIA | KIONGOZI |
| MWANANCHI | KISHERIA |
| KATIBA | UHURU |
| DEMOKRASIA | MONUMENT |
| MJADALA | TAIFA |
| WILAYA | AMANI |
| USAWA | SIASA |
| MAHAKAMA | HOTUBA |
| HAKI | HALI |
| SHERIA | ISHARA |

# 60 - Art Supplies

```
E W Y K D C U F B Z P K P M
U F I N U B U C N V W X E W
C F J N Q A I C W A O U N E
O R A D O M A F U T A D S N
E Y M Q A L A I A S J O E Y
A A A K M E Z A Q D D N L E
L O S I S A T A R A K G I K
U L S E H S U R B E R O J I
M I C I L Y R C A G M E N T
K I F U T I O J G U S A X I
M A W A Z O S U Q N W W K G
V Y F Z D U A A B D P H A N
F N P S J T G M J I U A A A
D W A T E R C O L O R S F R
```

ACRYLIC
BRUSHES
KAMERA
MWENYEKITI
MKAA
UDONGO
RANGI
UBUNIFU
EASEL
KIFUTIO

GUNDI
MAWAZO
WINO
MAFUTA
KARATASI
PENSELI
MEZA
MAJI
WATERCOLORS

# 61 - Science Fiction

```
A C I T S I R U T U F S V U
D M I F V A M E N I S I I B
M C L O H Y Y N D Q B R T J
U G A L A X Y A S U O I A L
F L K L E L C A R O N H B M
I P I T O B O R Y I U I U D
Y Z M O U T O P I A I F A M
N C E O K U P I L M M O T O
A T K R A I J O L O N K E T
G O A I P O T S Y D A C G C
N X B Z X H Z H P T B L D Z
A J A B U A I R I K I F U K
D A T O M I K I N R T Z C V
U X M E K Y H L J K I G M D
```

| | |
|---|---|
| ATOMIKI | GALAXY |
| VITABU | UDANGANYIFU |
| KEMIKALI | KUFIKIRIA |
| SINEMA | SIRI |
| DYSTOPIA | ORACLE |
| MLIPUKO | SAYARI |
| ULIOKITHIRI | ROBOTI |
| AJABU | TEKNOLOJIA |
| MOTO | UTOPIA |
| FUTURISTIC | DUNIA |

# 62 - Geometry

```
G E A V U S K P E M B E U M
U R E F U L A I S Z I O W W
N F B G B M I M P E Q H I E
O F V Y A B N N B E G E A L
E K S E S A A V G A N W N E
U I W P E W T V I A M Y O K
T Z O Q H T S J W M N B O E
A I R A H D A N B A U I A O
T N P W T U W P I N S B F S
E G E S E H E M U T A T E U
B O D U A R A G O I W V S S
M S Q V S V F B D K A J V V
E C F U I W I M A I Y Q M J
P Z A G M E Q U A T I O N C
```

PEMBE
HESABU
DUARA
KIZINGO
KIPENYO
MWELEKEO
EQUATION
UREFU
USAWA
MANTIKI

MISA
WASTANI
SAMBAMBA
UWIANO
SEHEMU
USO
ULINGANIFU
NADHARIA
PEMBETATU
WIMA

# 63 - Airplanes

```
C H U F I N U B F V M M K U
H F E R U T N E V D A A U Z
U A S M E Z I B B P R J T I
A T I C D F P S C Y I A U N
N U Z D X E U I D S Z R A D
G F N O R A B I R I A I X U
A A E L I O W O Q J K B K Z
U M J S U K J E A T A I I I
U G U R L B T E H J Y O N A
M W E L E K E O N L N T J S
M F U K O H I I C I A U I I
S I G Z N I L A O G F P N L
H I S T O R I A W U A X I I
P R O P E L L E R S W I D G
```

ADVENTURE
HEWA
ANGA
PUTO
UJENZI
WAFANYAKAZI
ASILI
BUNIFU
MWELEKEO
INJINI

MAFUTA
UREFU
HISTORIA
HAIDROJENI
KUTUA
UZINDUZI
ABIRIA
MAJARIBIO
PROPELLERS
MFUKO

# 64 - Ocean

```
N P R Z U O A Y M T S S M P
Y H C R Z I F E A U P A T A
I T H P R F V Y S N O M U P
E B A B M A W M H A N A R A
C C Z A J J O L U V G K T K
X Z A I N E Z F A H E I L B
E E L V M V L F G Y C P E G
D H O R U B A L H C D X T P
M A W I M B I K Y A L B J M
R J P W E Z A U A F W J C W
M A T U M B A W E A I O Z A
Z G T D O L P H I N F S X N
Q P B U U T S H R I M P H I
N Y A N G U M I N N F T R I
```

| | |
|---|---|
| MWANI | MWAMBA |
| MASHUA | CHUMVI |
| MATUMBAWE | PAPA |
| KAA | SHRIMP |
| DOLPHIN | SPONGE |
| EEL | DHORUBA |
| SAMAKI | TUNA |
| JELLYFISH | TURTLE |
| PWEZA | MAWIMBI |
| CHAZA | NYANGUMI |

# 65 - Force and Gravity

```
W K A M M A L I K C O J N B
O J H B I Y Z I L I M I H M
T M S I T E N G A M T Z H A
E H I L A B M U X M S U Z Z
P Q L I K D M D H E C N O T
W O A O A D W L E X I A N J
W L Z T W X B W K T N P A J
F U U I F I Z I K I A U U T
Y G K Z K A S I D B H F G P
U A N U R I M Q F O C O U Q
H Z A T B C N B D T E H S U
N G U V U W F I K P M B M K
A T H A R I A P H D U P P F
U G U N D U Z I R S C G X T
```

| | |
|---|---|
| MHIMILI | MECHANICS |
| KITUO | OBIT |
| UGUNDUZI | FIZIKIA |
| UMBALI | SHINIKIZO |
| NGUVU | MALI |
| UPANUZI | KASI |
| MSUGUANO | WAKATI |
| ATHARI | KUZALISHA |
| MAGNETISM | WOTE |
| UKUBWA | UZITO |

# 66 - Birds

```
F S T O R K K A S U K U Y P
L K T O C U H N H M P Z A E
A L X G P Y T F Y S L G H A
M Y S O T F F B E G E O C C
I O R J B A K S L Y Q O U O
N Z F A D S I H L Q M S C C
G D P G N P M B U N I E K K
O J N Y I A Y B G K J K O T
K W J R U R C S W I U A O O
B A T A G R U O N B F K Z U
F R A K N O R E H Q L N K C
B Y O V E W A Y C X N I K A
B N D B P E Y G R G R B D N
P E L I C A N A W S Q H L V
```

| | |
|---|---|
| CANARY | HERON |
| KUKU | MBUNI |
| JOGOO | KASUKU |
| CUCKOO | PEACOCK |
| BATA | PELICAN |
| TAI | PENGUIN |
| YAI | SPARROW |
| FLAMINGO | STORK |
| GOOSE | SWAN |
| GULL | TOUCAN |

# 67 - Nutrition

```
D I G E S T I O N T K V V H
E Z L M Y Q A L X A R O B U
Z B R A G N I M V B O H A A
S U M U D B O N A I W U B W
N U R T V H L V I A N Q U U
H B E U I T A I N D W Z H L
M A C G T V L N I N A Y F A
C J M N A O U Y T Q N M W C
H R Q U M X K W O F G X R U
U A Q H I J A A R A A W E Z
Z N K C N C H J P O N M W I
I D S U I W C I R O L A K T
F E R M E N T A T I O N B O
J Z C D Z W N Z W Z C Q T K
```

| | |
|---|---|
| HAMU | TABIA |
| UWIANO | AFYA |
| UCHUNGU | VINYWAJI |
| KALORI | MADINI |
| WANGA | PROTINI |
| MLO | UBORA |
| DIGESTION | MCHUZI |
| CHAKULA | SUMU |
| FERMENTATION | VITAMINI |
| LADHA | UZITO |

# 68 - Hiking

```
K X G E D G Z U R S M B P M
P R D N B N J O A E Y U P A
Y R X O T I Z N M M Z T W J
S W T M T L A Q A N B I B I
Q W I B M A K N N P M U J P
A M Z L C B I P I R O P G K
J M I F F A M U C H O V U A
H U L V R J A A S I L I M W
A U A I F H W O Z Y M E K A
T K D K M Q E H N F S G U N
A R N V B A X K H Q Z U T Y
R P A W E H A Y I L A H A A
I U A M W E L E K E O E N M
K C M V I O N G O Z I A O A
```

| | |
|---|---|
| WANYAMA | ASILI |
| BUTI | MWELEKEO |
| KAMBI | MBUGA |
| JABALI | MAANDALIZI |
| HALI YA HEWA | MAWE |
| VIONGOZI | MKUTANO |
| HATARI | JUA |
| NZITO | UCHOVU |
| RAMANI | MAJI |
| MLIMA | PORI |

# 69 - Professions #1

```
W C O S C P M O I F L X I N
M A I J O L O I J A N A W M
W W W X Y V P K K R R I O Y
A A N I Z O L A B O F R T E
N K D K N Y S L O L C A O Y
A I A N D D Z A H I T H M H
S L S E N O A F X A S A A P
H I H B M P Y J C T I B M L
E D A K T A R I I H N Z I U
R E H P A R G O T R A C Z M
I M J G M H A R I R I A M B
A M U U G U Z I O K P G X E
M W A N A M U Z I K I J B R
D A N C E R E L E W E J G Y
```

| | |
|---|---|
| BALOZI | MWANAJIOLOJIA |
| FALAKI | WAWINDAJI |
| WAKILI | JEWELER |
| BENKI | MWANASHERIA |
| CARTOGRAPHER | MWANAMUZIKI |
| KOCHA | MUUGUZI |
| DANCER | PIANIST |
| DAKTARI | PLUMBER |
| MHARIRI | BAHARIA |
| MZIMA MOTO | TAILOR |

# 70 - Barbecues

```
T U K U K O A M S A L A D I
V U M X I Z F O A L L J K Z
C G K P X G E T D E E I W U
H N Y A N Y A O N J A A A H
A U M M L F A M I L I A T C
J T G U A U V I S U G D O M
I I U X Z R K K J N R N T Q
O V I B C I A A L J I U O C
W M U M A V K F H I L T Z D
M J U J G M J I I C L A O B
P Y S V O U F I D K G M D L
C B V B B H G F H P I Z O B
O X Z X M C M I C H E Z O Q
Q A T U A I I J H E Q D X B
```

| | |
|---|---|
| KUKU | MOTO |
| WATOTO | NJAA |
| CHAJIO | VISU |
| FAMILIA | MUZIKI |
| CHAKULA | VITUNGUU |
| UMA | SALADI |
| MARAFIKI | CHUMVI |
| MATUNDA | MCHUZI |
| MICHEZO | NYANYA |
| GRILL | MBOGA |

# 71 - Chocolate

```
M L R C W W S T T J N G U L
A H D A L E M A R A C F P U
P L Z C I L U M L R K F Z C
I P S A R O B U F U R A H H
S I R O L A K T G H K S L U
H T M N S Q K E B Y R F J N
I P I P Q E T I R O V A F G
K A R A N G A Z U I B D F U
S K I G E N I A X N A R G C
Y U J K I S A N I I G G W B
D Z K P U Y O J A B P O V R
P T N A D I X O I T N A E K
M T Z C R A I K K C W W Z J
Z J F B L I Z U T U M C L U
```

| | |
|---|---|
| ANTIOXIDANT | FAVORITE |
| HARUFU | LADHA |
| KISANII | KIUNGO |
| UCHUNGU | KARANGA |
| CACAO | UBORA |
| KALORI | MAPISHI |
| PIPI | SUKARI |
| CARAMEL | TAMU |
| NAZI | KULA |
| KIGENI | |

# 72 - Vegetables

```
S A L A D I M K C E A E P P
N T A N G O B U V W R K I A
U U G N U T I V B E T I N R
K L E T O L L A H S I T R S
P A Z O I L I G I F C U U L
C U R S P S N O L D H N T E
B E M O W M G Y W Y O G O Y
R J L P T V A U K P K U B L
O Q E E K I N B V U E U U O
K Z H S R I I M C H I C H A
O B T R N Y N N Y A N Y A O
L C A U L I F L O W E R A J
I Z I W A G N A T Z Y I U U
N H O H M J T W J J N I E C
```

| | |
|---|---|
| ARTICHOKE | KITUNGUU |
| BROKOLI | PARSLEY |
| KAROTI | PEA |
| CAULIFLOWER | PUMPKIN |
| CELERY | FIGILI |
| TANGO | SALADI |
| MBILINGANI | SHALLOT |
| VITUNGUU | MCHICHA |
| TANGAWIZI | NYANYA |
| UYOGA | TURNIP |

# 73 - The Media

```
Q D F I A M S V K B A E M D
S D I Y W K I L E W K U A V
Q O I D E R I T Y C E L O J
V N E A U D Y L A O W N N K
M A G A Z E T I I Z O T I M
P I M T I N O A D N A T M T
I L B M L H U T J V D M M O
C I Q N U M I L E U A Q O L
H S K I B I A S H A R A M E
A A D N A W I K F E D H A O
H W M T A N D A O Q U C O P
Z A P Z M A T A N G A Z O Y
L M B V N G B I N A F S I A
D I G I T A L M P Y C V Z J
```

MATANGAZO              KIWANDA
MITAZAMO               AKILI
KIBIASHARA             MTAA
MAWASILIANO            MTANDAO
DIGITAL                MAGAZETI
TOLEO                  MTANDAONI
ELIMU                  MAONI
UKWELI                 PICHA
FEDHA                  UMMA
BINAFSI                REDIO

# 74 - Boats

```
F D U I D F S B T R E V H X
B A H A R I A A G N A N J K
H O W C U I N H B O K R Z A
R K E P F V S A U M F F B Y
K U Q S M D O R D V A O U A
Z V V S U F C I K M I K I K
K I N I J N I T O G N I L M
I K W W A F A N Y A K A Z I
Z T T A O B E F I L D L Y U
I F F U W I M B I P Y Z A E
M M A H M T U M B W I H C B
B T R S N A U T I C A L H N
A O K A Y O B E C E U W T I
E N Q M S D M Q B N M J R O
```

| | |
|---|---|
| NANGA | MLINGOTI |
| BOYA | NAUTICAL |
| MTUMBWI | RAFT |
| WAFANYAKAZI | MTO |
| KIZIMBA | KAMBA |
| INJINI | MASHUA |
| KIVUKO | BAHARIA |
| KAYAK | BAHARI |
| ZIWA | WIMBI |
| LIFEBOAT | YACHT |

# 75 - Activities and Leisure

```
W U O A N U H P I L H B X V
Z H Y K G V O A R I O A Y O
K U O G E L E A I I B S V L
U F O G Z A O S F Z B E U L
P C K U P A N D A U I B A E
R Q H T A A N A S N E A C Y
V O Z O K Y I I U U S L Z B
D I H A R U F U K N V L I A
D B K W E A A I M U T U K L
Q T S T A N J W P Y I P V L
Q A R O M T B I S I N E T I
I I U B K I N D O N D I E Y
I Z I B M A G I P U K T D U
E R B U S T A N I B M A K F
```

SANAA
BASEBALL
NDONDI
KAMBI
KUPIGA MBIZI
UVUVI
BUSTANI
GOFU
KUPANDA
HOBBIES

UCHORAJI
KUFURAHI
UNUNUZI
SOKA
KUTUMIA
KUOGELEA
TENISI
KUSAFIRI
VOLLEYBALL

# 76 - Driving

```
H B R F K P U Q V H X T E H
A A H A L E S E N I R A G K
T R M M M A L S B X G X G P
A A O A F A V E R E D B M O
R B T L D J N A J A L I A L
I A O A T E I I Z R B K F I
G R R S D F L P H I R A U S
G A U U Z F Z S G K H D T I
L A P E D E S T R I A N A K
K S R I L O R I H P Q A J I
J A I A A C Q Y K I K H I F
U I S E G J M M I K Y C W A
U R X I K E R B Q I J D N R
N R I F V T B G Z P D D Y T
```

| | |
|---|---|
| AJALI | MOTOR |
| BREKI | PIKIPIKI |
| GARI | PEDESTRIAN |
| HATARI | POLISI |
| DEREVA | BARABARA |
| MAFUTA | USALAMA |
| GARAGE | KASI |
| GESI | TRAFIKI |
| LESENI | LORI |
| RAMANI | HANDAKI |

# 77 - Professions #2

```
I  I  C  P  M  T  A  F  I  T  I  U  A  M
B  L  S  Q  N  Y  N  Q  J  U  S  U  X  W
E  I  L  I  M  W  L  G  A  P  I  E  V  A
Z  L  O  U  M  D  M  D  R  A  D  M  W  N
C  J  I  L  S  U  T  A  O  S  N  T  B  A
S  E  U  J  O  T  G  T  H  U  A  A  M  F
K  E  M  I  A  J  R  P  C  A  H  B  W  A
Q  D  A  U  C  Q  I  A  M  J  M  I  A  L
P  R  O  F  E  S  A  A  T  I  K  R  L  S
M  A  J  A  R  I  B  I  O  O  K  I  I  A
M  P  I  G  A  P  I  C  H  A  R  G  M  F
M  U  X  U  P  E  L  E  L  E  Z  I  U  A
M  W  A  N  A  A  N  G  A  X  O  J  Y  Z
M  V  U  M  B  U  Z  I  R  A  T  K  A  D
```

| | |
|---|---|
| MWANAANGA | MCHORAJI |
| BIOLOJIA | MWANAFALSAFA |
| KEMIA | MPIGA PICHA |
| UPELELEZI | DAKTARI |
| MHANDISI | MAJARIBIO |
| ILLUSTRATOR | PROFESA |
| MVUMBUZI | MTAFITI |
| MTABIRI | UPASUAJI |
| ISIMU | MWALIMU |

# 78 - Mythology

```
N S H U J A A M P W W G X M
Q G L O R I V A O Y N O S I
Y R U P X I N U G N I B M U
S X W V V B S P Q N S G S N
Z V V B U U W A N I G T V G
U U M B A J I H S K M Q E U
R A D I T A B I A I Z P E R
K G C A F U K O T U K S I M
X N H A D I T H I M S V N A
E A W K Q G P L S B O C A R
E J Q U V I W E D E M E M U
B J D F U T A M A D U N I O
K G Y A L A B Y R I N T H V
Q A R C H E T Y P E L Y T D
```

| | |
|---|---|
| ARCHETYPE | WIVU |
| TABIA | LABYRINTH |
| IMANI | HADITHI |
| UUMBAJI | UMEME |
| KIUMBE | MONSTER |
| UTAMADUNI | KUFA |
| MIUNGU | KISASI |
| JANGA | NGUVU |
| MBINGUNI | RADI |
| KUTOKUFA | SHUJAA |

# 79 - Hair Types

```
A Q N K P W W Z L U H D G R
H L L I G N A R Q O J O T C
R N T J N E N E O Z L Y K I
Q Q X I P H O P I A A Y F A
W O N V J H K D U H I F C K
S D O U N Y E U S I N U U U
S H I N Y X O F K L I P R S
P I C H A H D E F A R I L U
N P B O I C Q D H U V U Y K
Y I T X W J H N C I Z U C A
E Q N B A A L M A R I A P R
U R S S H N Y E M B A M B A
P A O M A I K E C J T N H P
E K G R K B G P L L Z Q C U
```

UPARA
NYEUSI
PICHA
KUSUKA
ALMARIA
KAHAWIA
RANGI
CURLS
CURLY
KAVU

KIJIVU
AFYA
NDEFU
SHINY
FUPI
FEDHA
LAINI
NENE
NYEMBAMBA
NYEUPE

# 80 - Furniture

```
S X S E R I O M R A F E I X
D A W A T I S A S X O N I G
F G H H I M Q P L M F G N O
S U D E H I Z A P F H N L D
W R I S C G H Z S A R E U O
K I T A N D A I R N T A A R
R A I C E O K A U Y W C Y O
A H K K B O T M G A A Z S T
F C E O Q I V U G K F Q M I
U M Y O Q K F V F A A U G M
T R N B J F Q B U Z R Q A K
X A E N Y A N D A I I F D Z
U B W G Z F K O Z C J D N H
R B M K M P E W U V I B I C
```

| | |
|---|---|
| ARMCHAIR | MFANYAKAZI |
| ARMOIRE | FUTON |
| KITANDA | NYANDA |
| BENCHI | TAA |
| BOOKCASE | GODORO |
| MWENYEKITI | KIOO |
| WAFARIJI | MTO |
| MAPAZIA | RUG |
| MITO | RAFU |
| DAWATI | |

# 81 - Garden

```
N U Q L A C Z B Z M H U R D
I Y M Z A B I B U Y O A S N
K E A E G A R A G U S M W D
O Q W N C A M P E Z E T P W
L R A I D S A G F I S A Y N
E M W L C A G T P O Y R J U
O Y B O G N O D U U B O L J
C D G P E L K Z H F M M G U
P A B M A I M I V P A L E N
T I N A T S U B C K M T D Y
U X U R U G E D Y H R E B R
T A I T M N U G U G A M I Z
T Q W G I N B U G O N F F B
U K U M B I H C N E B U U J
```

BENCHI
KICHAFU
UZIO
UA
GARAGE
BUSTANI
NYASI
NYANDA
HOSE
BWAWA

UKUMBI
TAFUTA
MIAMBA
KOLEO
UDONGO
MTARO
TRAMPOLINE
MTI
MZABIBU
MAGUGU

# 82 - Diplomacy

```
K R U G P E F J X O S B B D
M I U B P A N A X N U C A J
K L D R A X Y M A A L O L C
A A A I A L U I U I U I O M
T K D N P I O I I K H M Z U
A I J E V L A Z L I I I I A
B R I G Q S O Z I R S Z M D
A E X I D N Y M D I H A J I
Z S J K R O M P A H O M A L
M I G O G O R O A S Q A D I
M S H A U R I T M U I L A F
H A K I S I A S A H U A L U
K I B I N A D A M U N S A D
Q B F W I J E H I A W U A T
```

| | |
|---|---|
| MSHAURI | KIGENI |
| BALOZI | SERIKALI |
| RAIA | KIBINADAMU |
| JAMII | UADILIFU |
| MIGOGORO | HAKI |
| USHIRIKIANO | SIASA |
| KIDIPLOMASIA | AZIMIO |
| MJADALA | USALAMA |
| UBALOZI | SULUHISHO |
| MAADILI | MKATABA |

# 83 - Countries #1

```
N Q X U P I U O Q L R E U F
O H A M A N A P I I H C J I
R V L E A R S I L B W A E N
W N E M D D D H I Y U I R L
A B U A O T H J Z A P N U A
Y Q Z N B R I T A L I A M N
N R E T F G O I R S I M A D
S E N E G A L C B R Q O N U
B P E I U H J D C I F R I P
X Y V V J K M Z J O R Y F O
M H I S P A N I A H R A B L
L A T V I A D A N A K C Q A
N I C A G U A Z I S X R U N
M D Q G X V E M H R F V S D
```

| | |
|---|---|
| BRAZILI | MOROCCO |
| KANADA | NICAGUA |
| MISRI | NORWAY |
| FINLAND | PANAMA |
| UJERUMANI | UPOLAND |
| IRAQ | ROMANIA |
| ISRAEL | SENEGAL |
| ITALIA | HISPANIA |
| LATVIA | VENEZUELA |
| LIBYA | VIETNAM |

# 84 - Adjectives #1

```
M P O L E P O L E I W C Z M
K K O M J S A S A S I K E S
Y E A X O P I R U Z N Z B A
A G V R T A T U M I H U M A
I N E G I K U F A N A N A D
G P M H Z M V I F W H Q B A
W I O Q N L U N U K B A A T
F F Z E N I K I R A O U K H
T A P A P P U M A B O J K A
K U N U K I A A H I S H V M
K I S A N I I A A S V G Y A
T A I P F H P W L A W O X N
N Y E M B A M B A K C S R I
E M G O U J S M Y N O Z L H
```

| | |
|---|---|
| KABISA | NZITO |
| KABAMBE | MSAADA |
| KUNUKIA | WAAMINIFU |
| KISANII | KUBWA |
| KUVUTIA | KUFANANA |
| NZURI | MUHIMU |
| GIZA | KISASA |
| KIGENI | POLEPOLE |
| MKARIMU | NYEMBAMBA |
| FURAHA | THAMANI |

# 85 - Technology

```
A  I  T  I  A  B  G  Y  I  G  M  Z  E  U
T  R  V  D  V  Q  O  M  N  L  R  Q  Y  G
U  A  R  E  M  A  K  F  T  D  J  E  Y  R
Y  J  L  U  F  G  F  A  E  I  G  O  L  B
P  N  U  A  T  E  F  I  R  G  C  N  T  P
M  I  T  M  Y  A  Z  L  N  I  F  Y  A  R
O  V  M  A  B  C  F  I  E  T  Q  E  K  O
K  I  S  L  D  E  K  I  T  A  Q  S  W  G
I  K  H  A  A  F  B  X  T  L  P  H  I  R
T  R  A  S  T  J  C  C  N  I  G  A  M  A
B  M  L  U  A  V  I  R  T  U  A  L  U  M
Q  L  E  V  I  R  U  S  I  G  N  O  T  U
O  L  L  S  V  U  T  T  M  K  P  I  L  Q
O  V  N  V  S  C  R  E  E  N  U  V  T  C
```

| | |
|---|---|
| BLOG | INTERNET |
| KIVINJARI | UJUMBE |
| BAITI | UTAFITI |
| KAMERA | SCREEN |
| KOMPYUTA | USALAMA |
| MSHALE | PROGRAMU |
| DATA | TAKWIMU |
| DIGITAL | VIRTUAL |
| ONYESHA | VIRUSI |
| FAILI | |

# 86 - Landscapes

```
P E N I N S U L A F U Y K H
V O L K A N O R B Z Y R M D
O H X G P K K F Y X K Y C O
K J X R O O S B S R F Q L R
I Z A E V O C L I E D N O B
L D B B K O N K I S I W A K
I T M E A Y P A N Y T S R I
M V L C M L Q J A E G C D T
A F I I T J I A W G L A N A
O I M L O M R N P C A U U M
G A A V V E A G C R C W T B
N Y S D C Z H W M E I S I I
A O U I V I A A P L E V X Z
P Z Q O S B B B F Q R G Y I
```

PWANI
PANGO
JABALI
COVE
JANGWA
GEYSER
GLACIER
KILIMA
ICEBERG
KISIWA

ZIWA
MLIMA
OASIS
PENINSULA
MTO
BAHARI
KITAMBI
TUNDRA
BONDE
VOLKANO

# 87 - Plants

```
D  N  Y  A  S  I  T  M  Q  P  Z  M  M  M
S  H  I  N  A  I  Y  R  R  E  B  A  I  M
E  S  W  Q  Q  N  P  V  A  T  I  J  Z  I
M  B  O  L  E  A  Q  I  I  A  T  A  I  A
E  Q  K  M  X  T  X  W  G  L  N  N  Z  N
K  F  P  S  K  S  P  M  A  P  C  I  I  Z
I  L  U  M  X  U  D  S  T  M  N  B  Q  I
C  O  A  M  A  B  O  I  C  A  C  T  U  S
H  R  B  I  R  U  T  T  E  Z  S  M  Y  N
A  A  S  M  Q  R  A  U  G  S  I  H  V  Y
F  H  I  E  E  H  M  A  H  A  R  A  G  E
U  W  C  A  L  F  W  T  N  V  T  R  E  A
J  D  L  K  N  F  N  G  T  T  A  B  R  X
M  O  V  E  A  P  U  M  E  L  R  I  L  C
```

| | |
|---|---|
| MIANZI | MSITU |
| MAHARAGE | BUSTANI |
| BERRY | NYASI |
| MAUA | IVY |
| KICHAFU | MOSS |
| CACTUS | PETAL |
| MBOLEA | MIZIZI |
| FLORA | SHINA |
| UA | MTI |
| MAJANI | MIMEA |

# 88 - Boxing

```
R F Q F F I G H T E R Z G R
U J S T N H K G A T R J G Y
N I M E C H O K A B Z N S K
N U J K K T D J K E M M G U
G I S U V E D I K A N A Z P
U F W F W Y N N N A V J K O
M W U Q T W Z A G I P E E N
I U V W U J U Z I O Y R N A
M W A M U Z I N K U V U G N
K F L Y C R J I Z I E H E Q
P O G N E L G P B L W I L J
K J N A T F A M F I W I E E
D Z C A K A R A H W C R K P
T H Z D M N U W C M U H X O
```

KENGELE

MWILI

KIDEVU

KONA

KIWIKO

NIMECHOKA

FIGHTER

NGUMI

LENGO

GLAVU

MAJERUHI

PIGA

MPINZANI

HARAKA

KUPONA

MWAMUZI

KAMBA

UJUZI

NGUVU

# 89 - Countries #2

```
C U A U J Y I K P B W L E U
N G L K F A D F G M C U D G
S I I R M I M J S W F U P A
W R B A V P T A Z D U J O N
K I E I I O S G I T I A H D
P K R N D I V F D C Y L Q A
L I I E I H I N O N A B E L
V A A X P T D D E N M A R K
J F O T S E U R U S I V K U
T G Q S C Y P A K I S T A N
J A P A N L R F Q X M Z O A
A I N A B L A I R E G I N D
Y U C Q T D V L A P E N R U
S O M A L I A M E X I C O S
```

ALBANIA
DENMARK
ETHIOPIA
UGIRIKI
HAITI
JAMAICA
JAPAN
LAOS
LEBANONI
LIBERIA

MEXICO
NEPAL
NIGERIA
PAKISTAN
URUSI
SOMALIA
SUDAN
SYRIA
UGANDA
UKRAINE

# 90 - Adjectives #2

```
U U U F G O Z E L E A M G S
V S B K F R C F K J Y F C F
U Y I S I L A H P P P A Y Y
G U J N M O T O F X M W G A
N C A M G S W Q A N Y U T A
A E W L A I C U S T I Z U J
I D J J F A Z B I Y C A I N
T J U B P C R I L A M L Z J
U L E Q E Q R U I N Y I V V
V V V Q B G E O F P S S I Q
U E U F I N U B U U Y H P E
K I B U R I V M U H C A O M
L T I R A H A F I K E J R V
V I P A W A K M N K C I I O
```

| | |
|---|---|
| HALISI | KUVUTIA |
| UBUNIFU | ASILI |
| MAELEZO | MPYA |
| KAVU | UZALISHAJI |
| KIFAHARI | KIBURI |
| MAARUFU | WAJIBU |
| VIPAWA | CHUMVI |
| AFYA | USINGIZI |
| MOTO | NGUVU |
| NJAA | PORI |

# 91 - Psychology

```
U A J M M A F O C H F X I T
K U L T A I B A T D Z H U A
W T K A W E G O W F C I M T
E A L Z A A H T T T D S I H
L M I A Z P D O T U V I G M
I B N M O U X T U I V A O I
U U I O Q U T U M V B M G N
Z Z K Y Q L Q E J B C A O I
O I I G K V D K U F I K R R
E T A T I Z O V S Z A M O A
F M V L D T T D M Z I D Z C
U T S U B C O N S C I O U S
P S I S D P D T K A M E C D
H C K K K U N O Q R E A Q F
```

| | |
|---|---|
| UTEUZI | MVUTO |
| TATHMINI | MTAZAMO |
| TABIA | UTU |
| UTOTO | TATIZO |
| KLINIKI | UKWELI |
| UTAMBUZI | HISIA |
| MIGOGORO | SUBCONSCIOUS |
| NDOTO | TIBA |
| EGO | MAWAZO |
| UZOEFU | |

# 92 - Math

```
P  T  S  V  I  L  I  T  A  T  S  M  U  R
P  E  S  E  K  I  P  E  N  Y  O  G  L  W
E  J  M  A  H  R  B  T  O  S  A  A  I  M
M  I  X  B  Y  E  I  W  U  P  B  W  N  Z
B  O  P  M  E  B  M  E  P  M  M  A  G  U
E  M  X  A  F  T  H  U  H  W  A  N  A  N
N  E  H  B  W  N  A  T  K  U  N  Y  N  G
Y  T  K  M  M  E  L  T  W  V  H  I  I  U
I  R  J  A  H  N  M  S  U  H  T  K  F  K
N  I  U  S  E  O  U  R  O  X  D  O  U  O
G  P  X  G  K  P  J  M  R  A  B  A  Q  M
I  S  A  I  K  X  E  Q  U  A  T  I  O  N
H  H  G  I  R  E  H  G  P  P  U  G  O  J
P  A  R  A  L  L  E  L  O  G  R  A  M  B
```

| | |
|---|---|
| PEMBE | SAMBAMBA |
| HERI | PARALLELOGRAM |
| NUKTA | MZUNGUKO |
| KIPENYO | PEMBENYINGI |
| MGAWANYIKO | MSTATILI |
| EQUATION | MRABA |
| EXPONENT | JUMLA |
| SEHEMU | ULINGANIFU |
| JIOMETRI | PEMBETATU |
| NAMBA | KIASI |

# 93 - Activities

```
K P K R C Z T L S W Y O H S
U I N A D U R U B A H A R W
P C P Q U K A U R I N I B P
U H X L W U N M X I Q A K C
M A R Z I D N U F U V A A M
Z U A E N B B I W A H C U A
I L Q B D G M N E R P M S S
K Y R H A D N A P U K I H L
A I Z U J U E T K H V C U A
V W M N I B V S U K X H G H
F K U S O M A U B Z N E H I
E F K H T Y D B V I E Z U S
K U S H O N A R R I W O L E
O V F C G K U C H E Z A I R
```

SHUGHULI
SANAA
KAMBI
KAURI
UFUNDI
KUCHEZA
UVUVI
MICHEZO
BUSTANI
KUPANDA

UWINDAJI
MASLAHI
BURUDANI
UCHAWI
PICHA
RAHA
KUSOMA
KUPUMZIKA
KUSHONA
UJUZI

# 94 - Business

```
A D D F E D H A A M U F U L
Z U I T E J A B H F C A W V
R R S Z J N J G M A H I E S
U D C L A O E N B N U D K L
R U O T Z K N L S Y M A E H
O K U H M E E N Q A I D Z M
H A N W X X M R L K P K A E
P G T J B G R J E A E U J E
L L Y D I S I F O Z S U I G
J P Z Q D E S B Z I A Z D H
P R D E H M A P A T O A O Q
Q K K T A M A R A H G H K I
C Z E T A D N A W I K H E I
K A M P U N I R I J A W M U
```

BAJETI

KAZI

KAMPUNI

GHARAMA

DISCOUNT

UCHUMI

MFANYAKAZI

MWAJIRI

KIWANDA

FEDHA

MAPATO

UWEKEZAJI

MENEJA

BIDHAA

PESA

OFISI

FAIDA

KUUZA

DUKA

KODI

# 95 - The Company

```
R G A W P O V A B G V O H U
O F O E D E U F I N U B U W
Y K P Q W L L J A H B O U E
S G Y Y R E Z M S A I N A K
Q Z Z O G D H Q H T D Z M E
M W E N E N D O A A H A U Z
A J I R A E Y R R A N Z A
M H J U Q A I B A I A V I J
R U N K K M C M A P A T O I
M T A A L A M U U F P Z P B
U W E Z E K A N O B I O H B
K I W A N D A C O W O S H Y
R W O N Y E S H O A L R O X
K I M A T A I F A T R R A Q
```

| | |
|---|---|
| BIASHARA | BIDHAA |
| UBUNIFU | MTAALAMU |
| UAMUZI | MAENDELEO |
| AJIRA | UBORA |
| KIMATAIFA | SIFA |
| KIWANDA | MAPATO |
| UWEKEZAJI | HATARI |
| UWEZEKANO | MWENENDO |
| ONYESHO | |

# 96 - Literature

```
I U A H I T I M I S H O K M
Z O Y N V W U J V L A O U S
I N A A E V A N O Z K L L I
Z G W E V C U K M O D V I M
U O I V E Q D X I F G L N U
B E R P E I M O B M I W G L
M F A N O D N I T M R J A I
A R H W A S I F U E I A N Z
H I H S I D N A W M A N I I
C M H Y O S O W A T H G S V
U F A D T I A D E T S A H Q
A X M F I H M O Z E L E A M
U I B N O Z M U G N U Z A M
M A N D H A R I R I A H S U
```

UCHAMBUZI
ANECDOTE
MWANDISHI
WASIFU
KULINGANISHA
HITIMISHO
MAELEZO
MAZUNGUMZO
UONGO
MFANO

MSIMULIZI
RIWAYA
MAONI
SHAIRI
USHAIRI
WIMBO
RHYTHM
MTINDO
MANDHARI
JANGA

# 97 - Geography

```
D I N A M A R K G I H I M H
U O J T E W B A M R H R J E
N Z K L I B I R A H G A M M
I K Q A T K O N D E T H M I
A E Q S N C H I U T B A K S
M E R I D I A N M K P B O P
L M L I M A V M L C O A A H
I A F P T X V A E D T O O E
L W T R S P R G C T M B O R
D I N I N I Z A K S A K F E
M S X N T A E M Z U R E F U
S I N I S U K K J D A C F W
N K K P C R D Y U I B S Y W
B M C B D T F O E N E L E V
```

| | |
|---|---|
| UREFU | MERIDIAN |
| ATLAS | MLIMA |
| MJI | KASKAZINI |
| BARA | MKOA |
| NCHI | MTO |
| MWINUKO | BAHARI |
| HEMISPHERE | KUSINI |
| KISIWA | ENEO |
| LATITUDO | MAGHARIBI |
| RAMANI | DUNIA |

# 98 - Jazz

```
A L B A M U D M U E U H T D
M T U N Z I Q S U E C M W C
W D V V I R F W M Z P T H H
K V I I Z H Z K A M I U W S
Q C P P I I N A S M I K M R
Q A E A F M A A R U F U I H
G H N J O D N I T M C Y N Y
W Q Z I K M K A Z O E H G T
X I I E A R T S E H C R O H
I C M L M L U O D N U U M M
U N I B M P Y A A E N H A W
B G F B O P K K Q D J X S U
N T A M A S H A C I O L G H
I M P R O V I S A T I O N V
```

| | |
|---|---|
| ALBAMU | IMPROVISATION |
| MAKOFI | MUZIKI |
| MSANII | MPYA |
| MTUNZI | MZEE |
| MUUNDO | ORCHESTRA |
| TAMASHA | RHYTHM |
| NGOMA | WIMBO |
| MKAZO | MTINDO |
| MAARUFU | VIPAJI |
| VIPENZI | MBINU |

# 99 - Nature

```
U X R J L M I I L Z B Y Q K
F E K J Q S N U V R G H I I
B P D X Q I J A N G W A N T
O L N O L T W A N Y A M A R
T K R Z O U U V U G N M J O
M U H I M U F Z U U Q M A P
C L I F F S I K U Y N O M I
I N M D M S T U P R L M A K
T I P T Q E A K O E I O W I
C A J P O R K U R I P N I W
R X M W Z E A N I C X Y N J
A S U A Z N T G A A K O G F
N J L W N E A U O L M K U J
I A B S V I P X Z G T O I E
```

| | |
|---|---|
| WANYAMA | MAJANI |
| ARCTIC | MSITU |
| UZURI | GLACIER |
| NYUKI | AMANI |
| CLIFFS | MTO |
| MAWINGU | PATAKATIFU |
| JANGWA | SERENE |
| NGUVU | KITROPIKI |
| MMOMONYOKO | MUHIMU |
| UKUNGU | PORI |

# 100 - Vacation #2

```
H P X S X K P S A F A R I G
J E Y T I B M A K G L I D K
O Q M J Z D I W S M G E N I
K Y U A N J L I R I F A S U
H O T E L I I S M S P P U E
L I K I Z O M I P K J O S W
L A J N V G A K U E G I T L
Q S I E C D X B W T E D G I
A I L R F P W A N I I U P W
F V V T P O F G E R F R S A
G J U B H O Z C R A M A N I
K I G E N I R C J H T M N D
O R G G H T V T W A R M V K
B U R U D A N I Q B O L Q V
```

| | |
|---|---|
| AIRPORT | BURUDANI |
| PWANI | RAMANI |
| KAMBI | MILIMA |
| MARUDIO | PASIPOTI |
| KIGENI | BAHARI |
| MGENI | TEKSI |
| LIKIZO | HEMA |
| HOTELI | TRENI |
| KISIWA | USAFIRI |
| SAFARI | VISA |

# 1 - Antiques

# 2 - Food #1

# 3 - Measurements

# 4 - Farm #2

# 5 - Books

# 6 - Meditation

# 7 - Days and Months

# 8 - Energy

# 9 - Archeology

# 10 - Food #2

# 11 - Chemistry

# 12 - Music

## 13 - Family

## 14 - Farm #1

## 15 - Camping

## 16 - Algebra

## 17 - Numbers

## 18 - Spices

## 19 - Universe

## 20 - Mammals

## 21 - Fishing

## 22 - Restaurant #1

## 23 - Bees

## 24 - Weather

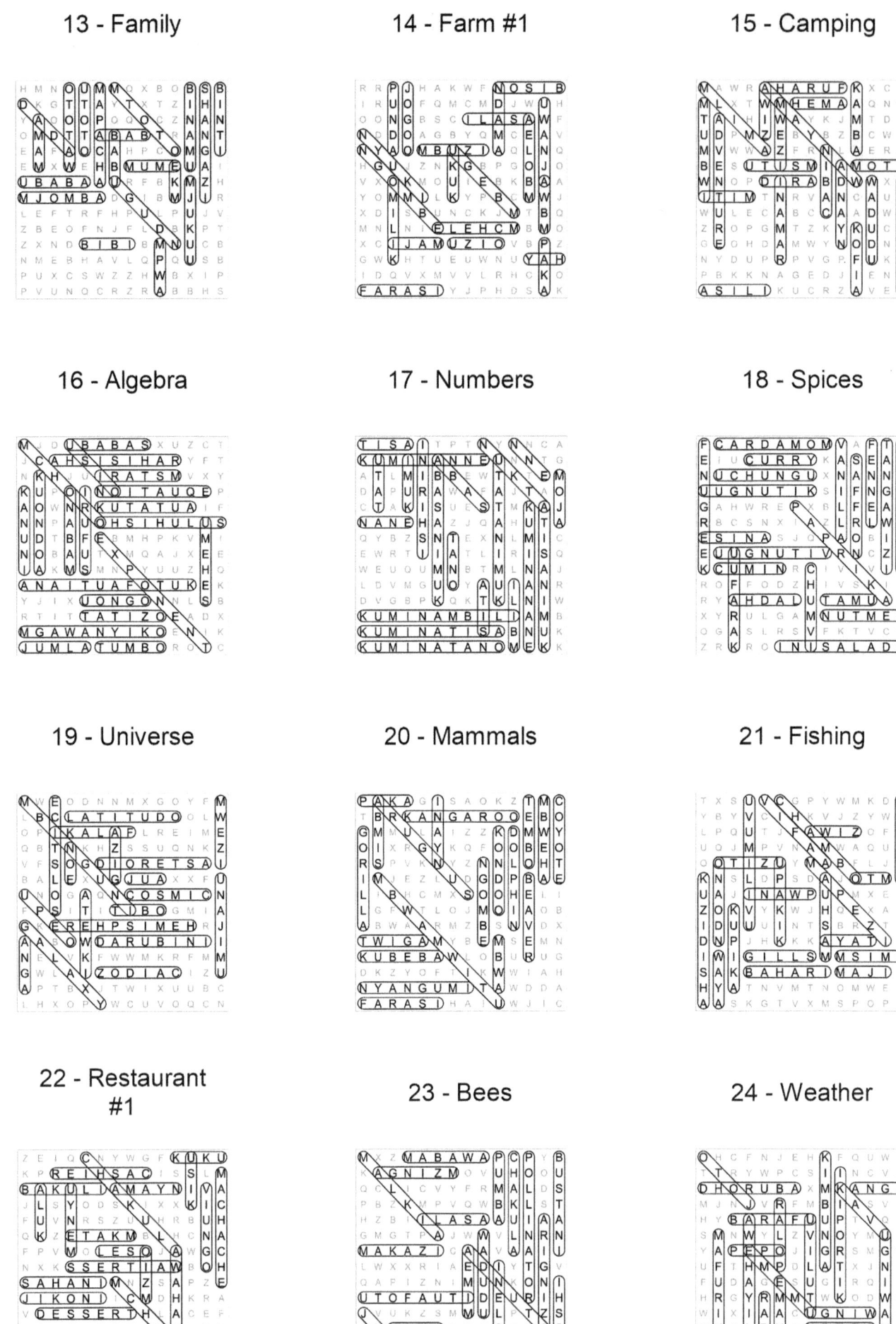

## 25 - Adventure

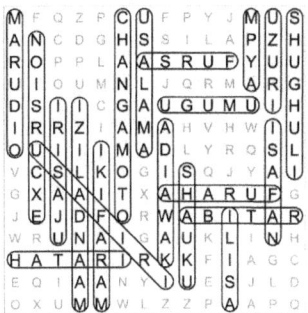

## 26 - Sport

## 27 - Circus

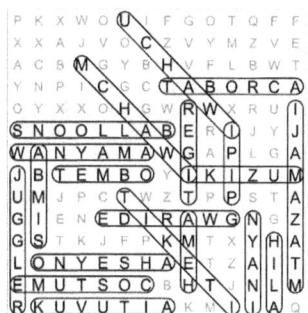

## 28 - Restaurant #2

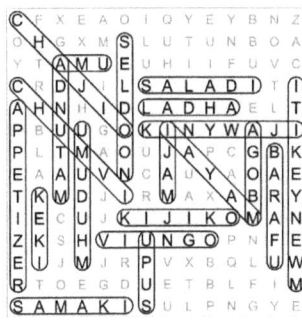

## 29 - Geology

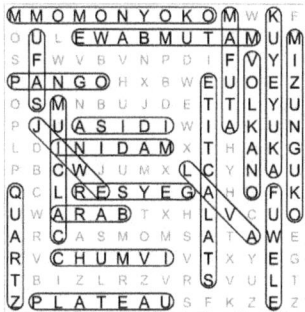

## 30 - House

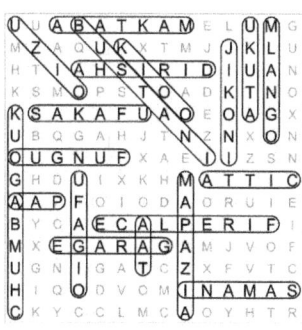

## 31 - Physics

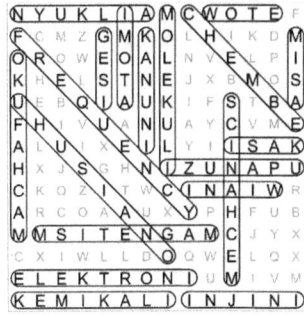

## 32 - Coffee

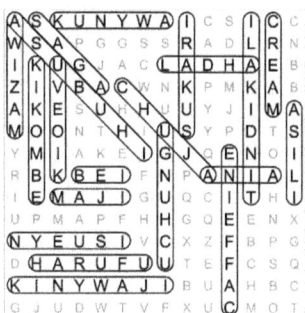

## 33 - Colors

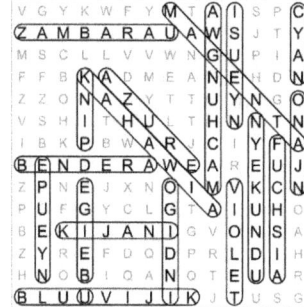

## 34 - Climbing

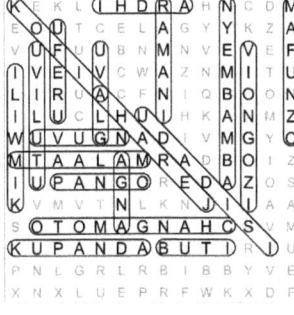

## 35 - Shapes

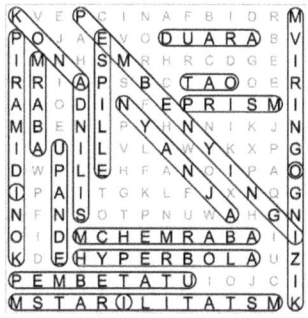

## 36 - Scientific Disciplines

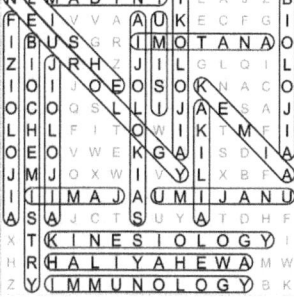

## 37 - Science

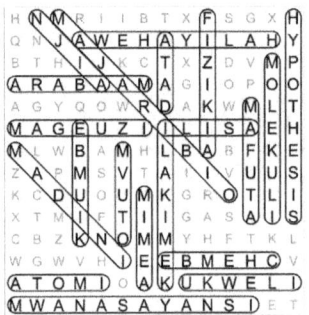

## 38 - Beauty

## 39 - Clothes

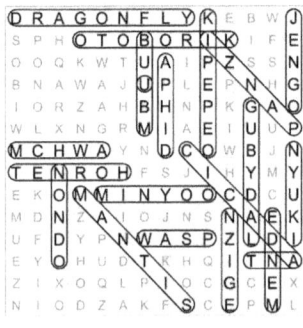

## 40 - Insects

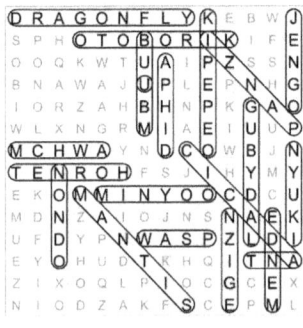

## 41 - Astronomy

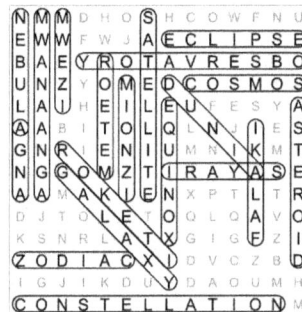

## 42 - Health and Wellness #2

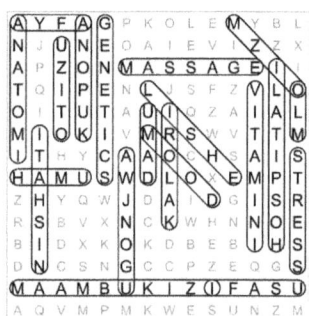

## 43 - Time

## 44 - Buildings

## 45 - Philanthropy

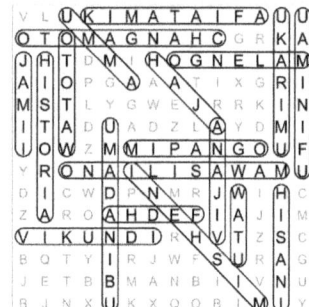

## 46 - Gardening

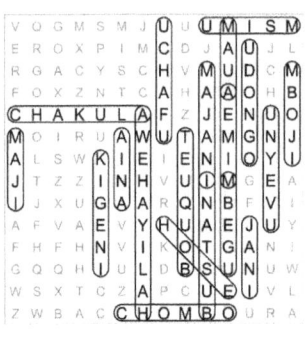

## 47 - Herbalism

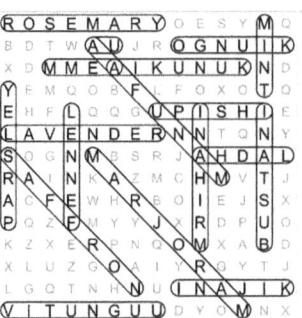

## 48 - Vehicles

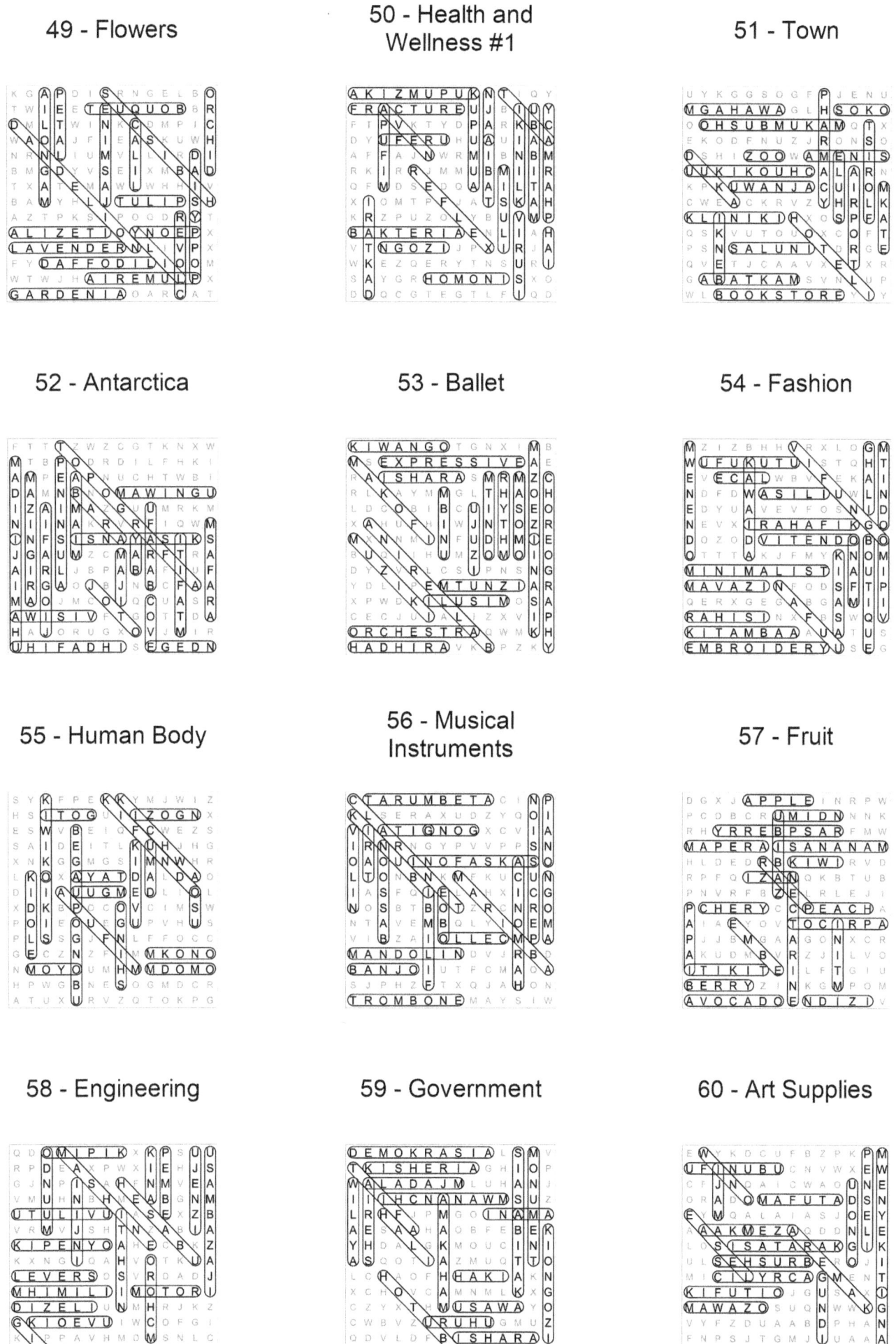

## 49 - Flowers

## 50 - Health and Wellness #1

## 51 - Town

## 52 - Antarctica

## 53 - Ballet

## 54 - Fashion

## 55 - Human Body

## 56 - Musical Instruments

## 57 - Fruit

## 58 - Engineering

## 59 - Government

## 60 - Art Supplies

## 61 - Science Fiction

## 62 - Geometry

## 63 - Airplanes

## 64 - Ocean

## 65 - Force and Gravity

## 66 - Birds

## 67 - Nutrition

## 68 - Hiking

## 69 - Professions #1

## 70 - Barbecues

## 71 - Chocolate

## 72 - Vegetables

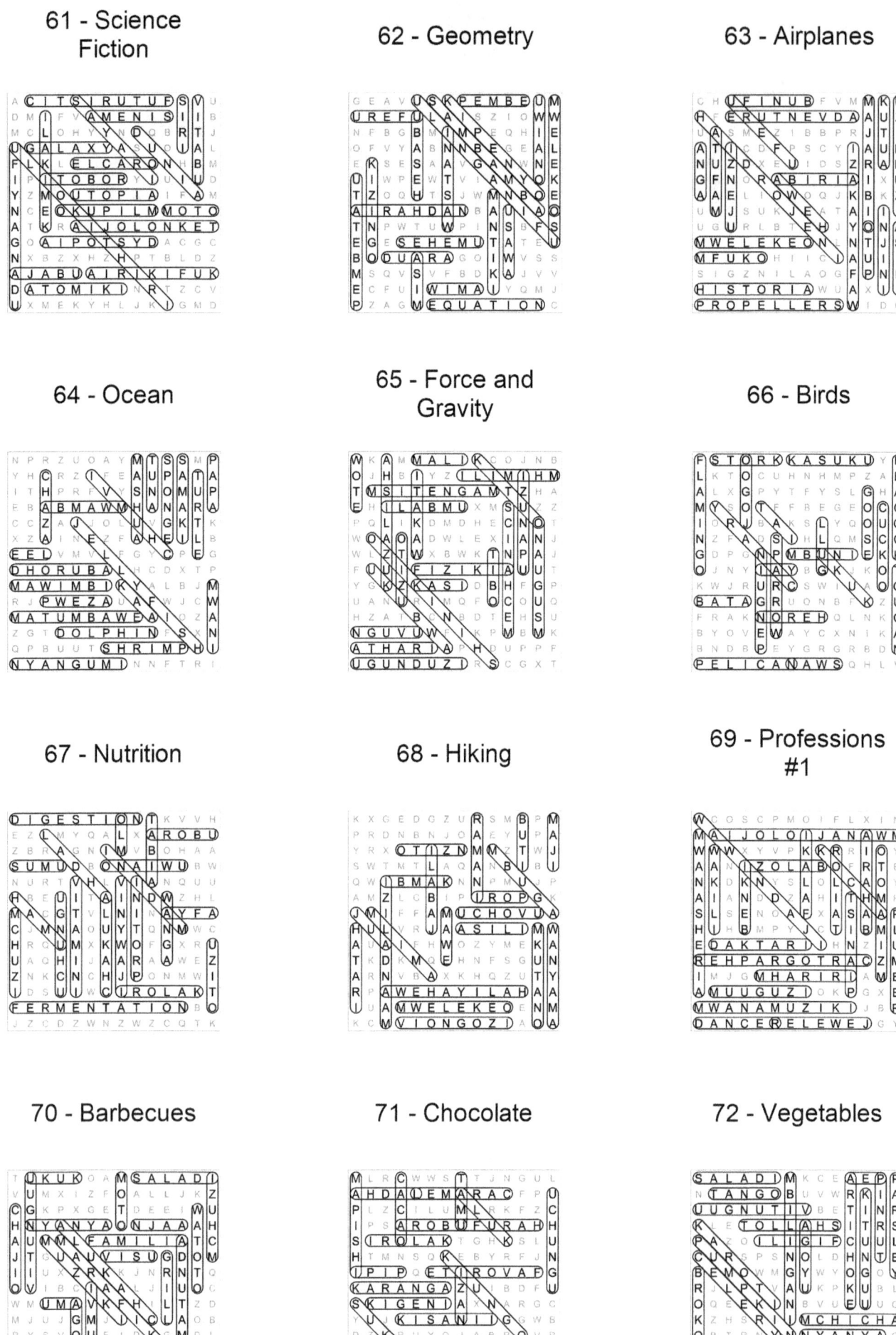

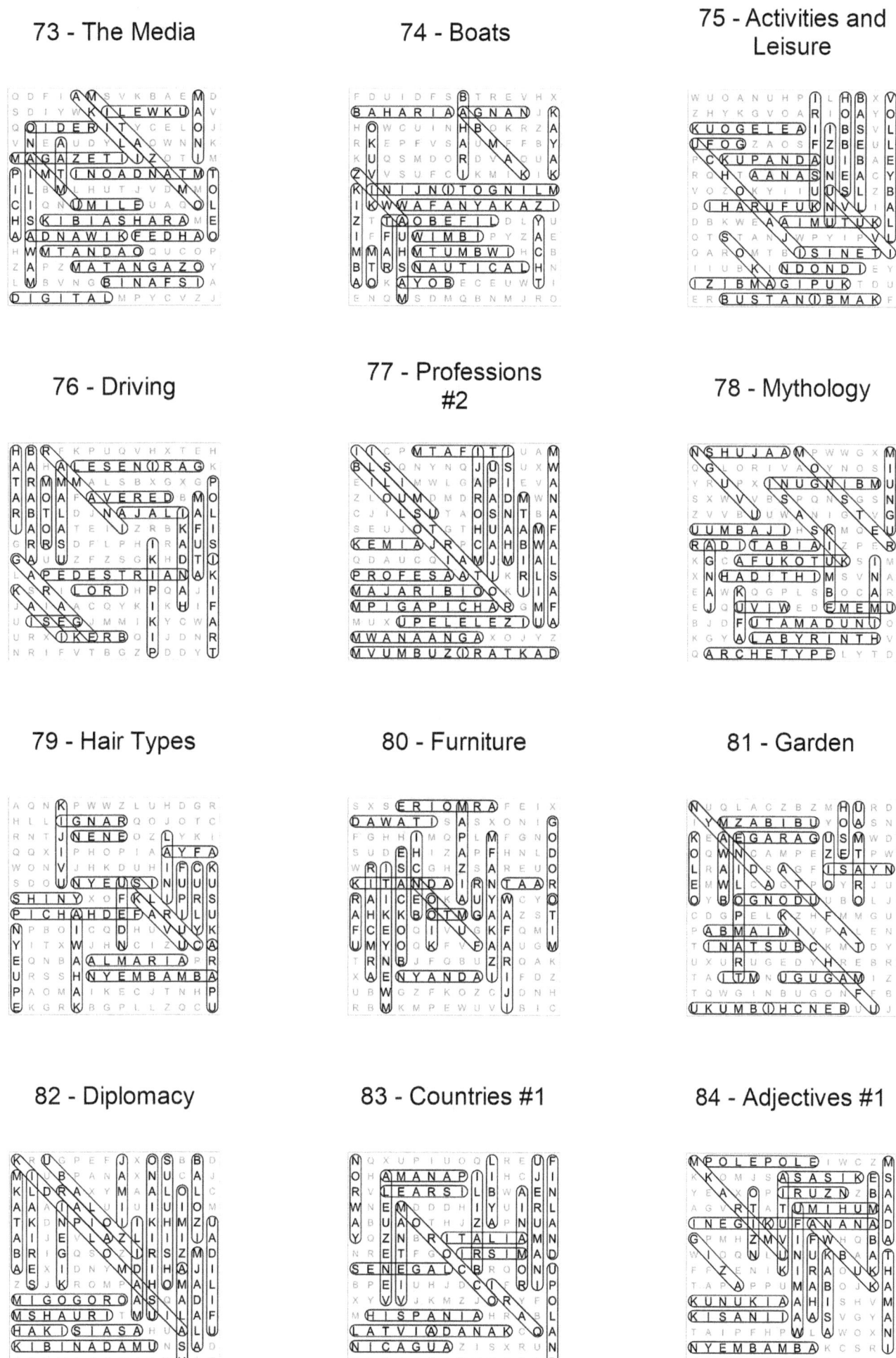

## 73 - The Media

## 74 - Boats

## 75 - Activities and Leisure

## 76 - Driving

## 77 - Professions #2

## 78 - Mythology

## 79 - Hair Types

## 80 - Furniture

## 81 - Garden

## 82 - Diplomacy

## 83 - Countries #1

## 84 - Adjectives #1

## 85 - Technology

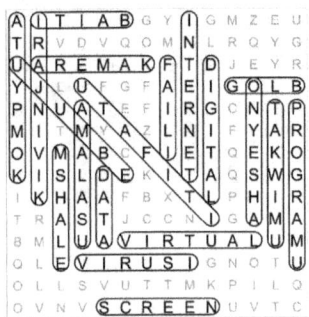

## 86 - Landscapes

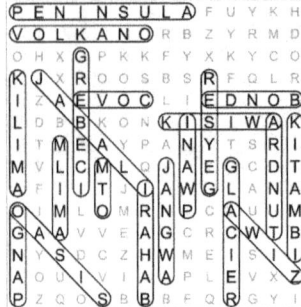

## 87 - Plants

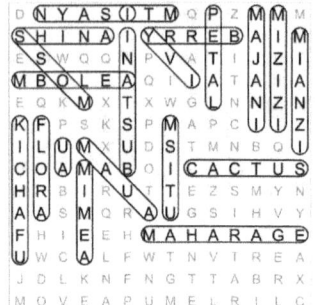

## 88 - Boxing

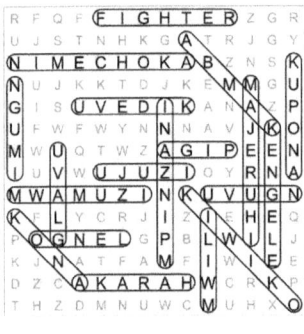

## 89 - Countries #2

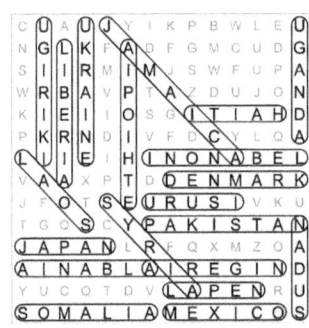

## 90 - Adjectives #2

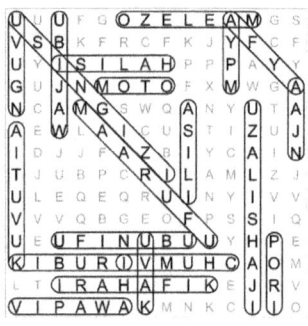

## 91 - Psychology

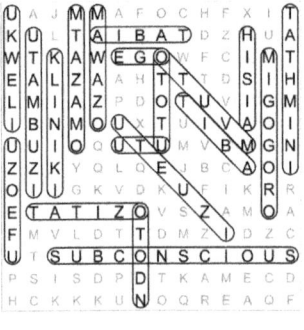

## 92 - Math

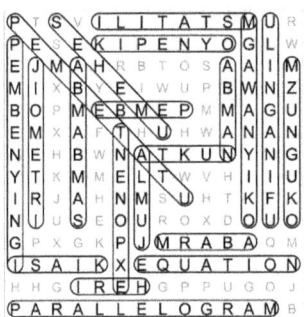

## 93 - Activities

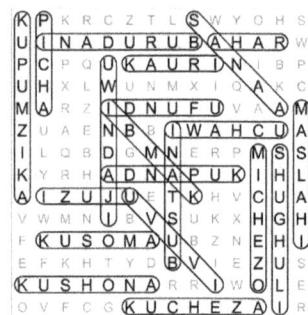

## 94 - Business

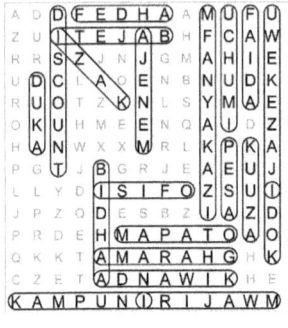

## 95 - The Company

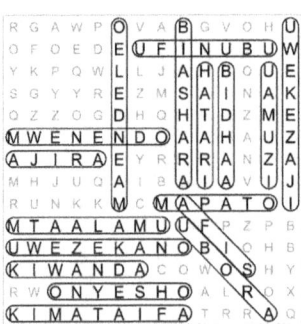

## 96 - Literature

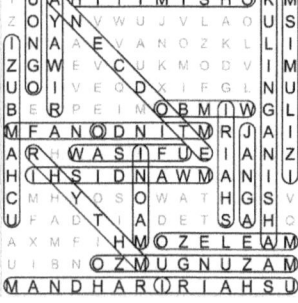

## 97 - Geography

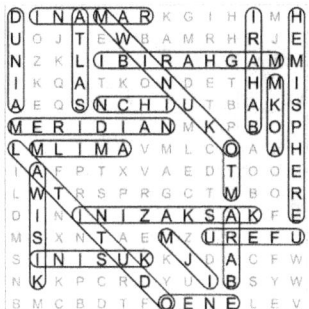

## 98 - Jazz

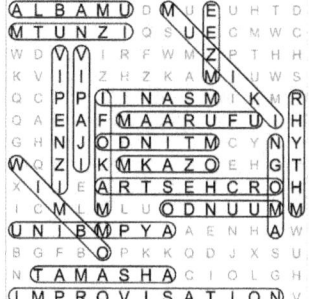

## 99 - Nature

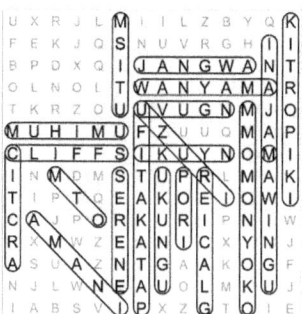

## 100 - Vacation #2

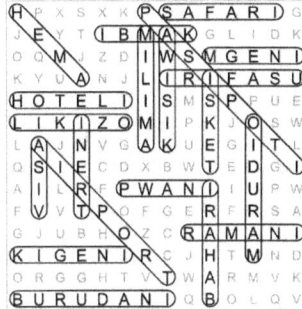

# Dictionary

## Activities
### Shughuli

| | |
|---|---|
| Activity | Shughuli |
| Art | Sanaa |
| Camping | Kambi |
| Ceramics | Kauri |
| Crafts | Ufundi |
| Dancing | Kucheza |
| Fishing | Uvuvi |
| Games | Michezo |
| Gardening | Bustani |
| Hiking | Kupanda |
| Hunting | Uwindaji |
| Interests | Maslahi |
| Leisure | Burudani |
| Magic | Uchawi |
| Photography | Picha |
| Pleasure | Raha |
| Reading | Kusoma |
| Relaxation | Kupumzika |
| Sewing | Kushona |
| Skill | Ujuzi |

## Activities and Leisure
### Shughuli na Burudani

| | |
|---|---|
| Art | Sanaa |
| Baseball | Baseball |
| Boxing | Ndondi |
| Camping | Kambi |
| Diving | Kupiga Mbizi |
| Fishing | Uvuvi |
| Gardening | Bustani |
| Golf | Gofu |
| Hiking | Kupanda |
| Hobbies | Hobbies |
| Painting | Uchoraji |
| Relaxing | Kufurahi |
| Shopping | Ununuzi |
| Soccer | Soka |
| Surfing | Kutumia |
| Swimming | Kuogelea |
| Tennis | Tenisi |
| Travel | Kusafiri |
| Volleyball | Volleyball |

## Adjectives #1
### Vivumishi #1

| | |
|---|---|
| Absolute | Kabisa |
| Ambitious | Kabambe |
| Aromatic | Kunukia |
| Artistic | Kisanii |
| Attractive | Kuvutia |
| Beautiful | Nzuri |
| Dark | Giza |
| Exotic | Kigeni |
| Generous | Mkarimu |
| Happy | Furaha |
| Heavy | Nzito |
| Helpful | Msaada |
| Honest | Waaminifu |
| Huge | Kubwa |
| Identical | Kufanana |
| Important | Muhimu |
| Modern | Kisasa |
| Slow | Polepole |
| Thin | Nyembamba |
| Valuable | Thamani |

## Adjectives #2
### Vivumishi #2

| | |
|---|---|
| Authentic | Halisi |
| Creative | Ubunifu |
| Descriptive | Maelezo |
| Dry | Kavu |
| Elegant | Kifahari |
| Famous | Maarufu |
| Gifted | Vipawa |
| Healthy | Afya |
| Hot | Moto |
| Hungry | Njaa |
| Interesting | Kuvutia |
| Natural | Asili |
| New | Mpya |
| Productive | Uzalishaji |
| Proud | Kiburi |
| Responsible | Wajibu |
| Salty | Chumvi |
| Sleepy | Usingizi |
| Strong | Nguvu |
| Wild | Pori |

## Adventure
### Adventure

| | |
|---|---|
| Activity | Shughuli |
| Beauty | Uzuri |
| Bravery | Ujasiri |
| Challenges | Changamoto |
| Chance | Nafasi |
| Dangerous | Hatari |
| Destination | Marudio |
| Difficulty | Ugumu |
| Enthusiasm | Shauku |
| Excursion | Excursion |
| Friends | Marafiki |
| Itinerary | Ratiba |
| Joy | Furaha |
| Nature | Asili |
| Navigation | Usafiri |
| New | Mpya |
| Opportunity | Fursa |
| Preparation | Maandalizi |
| Safety | Usalama |
| Unusual | Kawaida |

## Airplanes
### Ndege

| | |
|---|---|
| Adventure | Adventure |
| Air | Hewa |
| Atmosphere | Anga |
| Balloon | Puto |
| Construction | Ujenzi |
| Crew | Wafanyakazi |
| Descent | Asili |
| Design | Bunifu |
| Direction | Mwelekeo |
| Engine | Injini |
| Fuel | Mafuta |
| Height | Urefu |
| History | Historia |
| Hydrogen | Haidrojeni |
| Landing | Kutua |
| Launch | Uzinduzi |
| Passenger | Abiria |
| Pilot | Majaribio |
| Propellers | Propellers |
| Turbulence | Mfuko |

## Algebra
### Aljebra

| | |
|---|---|
| **Diagram** | Mchoro |
| **Division** | Mgawanyiko |
| **Equation** | Equation |
| **Exponent** | Exponent |
| **Factor** | Sababu |
| **False** | Uongo |
| **Formula** | Kanuni |
| **Fraction** | Sehemu |
| **Infinite** | Usio |
| **Linear** | Mstari |
| **Matrix** | Tumbo |
| **Parenthesis** | Mabano |
| **Problem** | Tatizo |
| **Simplify** | Rahisisha |
| **Solution** | Suluhisho |
| **Solve** | Kutatua |
| **Subtraction** | Kuondoa |
| **Sum** | Jumla |
| **Variable** | Kutofautiana |
| **Zero** | Sufuri |

## Antarctica
### Antarctica

| | |
|---|---|
| **Bay** | Bay |
| **Birds** | Ndege |
| **Clouds** | Mawingu |
| **Conservation** | Uhifadhi |
| **Continent** | Bara |
| **Cove** | Cove |
| **Environment** | Mazingira |
| **Expedition** | Msafara |
| **Geography** | Jiografia |
| **Ice** | Barafu |
| **Islands** | Visiwa |
| **Migration** | Uhamiaji |
| **Minerals** | Madini |
| **Peninsula** | Peninsula |
| **Researcher** | Mtafiti |
| **Rocky** | Miamba |
| **Scientific** | Kisayansi |
| **Temperature** | Joto |
| **Topography** | Topografia |
| **Water** | Maji |

## Antiques
### Antiques

| | |
|---|---|
| **Art** | Sanaa |
| **Auction** | Mnada |
| **Authentic** | Halisi |
| **Century** | Karne |
| **Coins** | Sarafu |
| **Condition** | Hali |
| **Decades** | Miongo |
| **Decorative** | Mapambo |
| **Elegant** | Kifahari |
| **Furniture** | Samani |
| **Investment** | Uwekezaji |
| **Jewelry** | Kujitia |
| **Old** | Mzee |
| **Price** | Bei |
| **Quality** | Ubora |
| **Sculpture** | Sanamu |
| **Style** | Mtindo |
| **To Sell** | Kuuza |
| **Unusual** | Kawaida |
| **Value** | Thamani |

## Archeology
### Akiolojia

| | |
|---|---|
| **Analysis** | Uchambuzi |
| **Bones** | Mifupa |
| **Civilization** | Ustaarabu |
| **Descendant** | Mjukuu |
| **Era** | Zama |
| **Evaluation** | Tathmini |
| **Expert** | Mtaalam |
| **Findings** | Matokeo |
| **Forgotten** | Wamesahau |
| **Fossil** | Mafuta |
| **Fragments** | Vipande |
| **Mystery** | Siri |
| **Objects** | Vitu |
| **Professor** | Profesa |
| **Relic** | Masalio |
| **Researcher** | Mtafiti |
| **Ruins** | Magofu |
| **Team** | Timu |
| **Temple** | Hekalu |
| **Tomb** | Kaburi |

## Art Supplies
### Vifaa vya Sanaa

| | |
|---|---|
| **Acrylic** | Acrylic |
| **Brushes** | Brushes |
| **Camera** | Kamera |
| **Chair** | Mwenyekiti |
| **Charcoal** | Mkaa |
| **Clay** | Udongo |
| **Colors** | Rangi |
| **Creativity** | Ubunifu |
| **Easel** | Easel |
| **Eraser** | Kifutio |
| **Glue** | Gundi |
| **Ideas** | Mawazo |
| **Ink** | Wino |
| **Oil** | Mafuta |
| **Paper** | Karatasi |
| **Pencils** | Penseli |
| **Table** | Meza |
| **Water** | Maji |
| **Watercolors** | Watercolors |

## Astronomy
### Astronomia

| | |
|---|---|
| **Asteroid** | Asteroid |
| **Astronaut** | Mwanaanga |
| **Astronomer** | Falaki |
| **Constellation** | Constellation |
| **Cosmos** | Cosmos |
| **Earth** | Dunia |
| **Eclipse** | Eclipse |
| **Equinox** | Equinox |
| **Galaxy** | Galaxy |
| **Meteor** | Meteor |
| **Moon** | Mwezi |
| **Nebula** | Nebula |
| **Observatory** | Observatory |
| **Planet** | Sayari |
| **Radiation** | Mionzi |
| **Rocket** | Roketi |
| **Satellite** | Satellite |
| **Sky** | Anga |
| **Supernova** | Supernova |
| **Zodiac** | Zodiac |

## Ballet
### Ballet

| | |
|---|---|
| **Applause** | Makofi |
| **Artistic** | Kisanii |
| **Audience** | Hadhira |
| **Ballerina** | Ballerina |
| **Choreography** | Choreography |
| **Composer** | Mtunzi |
| **Dancers** | Wachezaji |
| **Expressive** | Expressive |
| **Gesture** | Ishara |
| **Graceful** | Graceful |
| **Intensity** | Kiwango |
| **Lessons** | Masomo |
| **Muscles** | Misuli |
| **Music** | Muziki |
| **Orchestra** | Orchestra |
| **Practice** | Mazoezi |
| **Rhythm** | Rhythm |
| **Skill** | Ujuzi |
| **Style** | Mtindo |
| **Technique** | Mbinu |

## Barbecues
### Barbecues

| | |
|---|---|
| **Chicken** | Kuku |
| **Children** | Watoto |
| **Dinner** | Chajio |
| **Family** | Familia |
| **Food** | Chakula |
| **Forks** | Uma |
| **Friends** | Marafiki |
| **Fruit** | Matunda |
| **Games** | Michezo |
| **Grill** | Grill |
| **Hot** | Moto |
| **Hunger** | Njaa |
| **Knives** | Visu |
| **Music** | Muziki |
| **Onions** | Vitunguu |
| **Salads** | Saladi |
| **Salt** | Chumvi |
| **Sauce** | Mchuzi |
| **Tomatoes** | Nyanya |
| **Vegetables** | Mboga |

## Beauty
### Beauty

| | |
|---|---|
| **Charm** | Haiba |
| **Color** | Rangi |
| **Cosmetics** | Vipodozi |
| **Curls** | Curls |
| **Elegance** | Elegance |
| **Elegant** | Kifahari |
| **Fragrance** | Harufu |
| **Grace** | Neema |
| **Lipstick** | Lipstick |
| **Mascara** | Wanja |
| **Mirror** | Kioo |
| **Oils** | Mafuta |
| **Photogenic** | Photogenic |
| **Products** | Bidhaa |
| **Scissors** | Mkasi |
| **Services** | Huduma |
| **Shampoo** | Shampoo |
| **Skin** | Ngozi |
| **Smooth** | Laini |
| **Stylist** | Stylist |

## Bees
### Nyuki

| | |
|---|---|
| **Beneficial** | Manufaa |
| **Diversity** | Utofauti |
| **Ecosystem** | Mazingira |
| **Flowers** | Maua |
| **Food** | Chakula |
| **Fruit** | Matunda |
| **Garden** | Bustani |
| **Habitat** | Makazi |
| **Hive** | Mzinga |
| **Honey** | Asali |
| **Insect** | Wadudu |
| **Plants** | Mimea |
| **Pollen** | Poleni |
| **Pollinator** | Pollinator |
| **Queen** | Malkia |
| **Smoke** | Moshi |
| **Sun** | Jua |
| **Swarm** | Pumba |
| **Wax** | Nta |
| **Wings** | Mabawa |

## Birds
### Ndege

| | |
|---|---|
| **Canary** | Canary |
| **Chicken** | Kuku |
| **Crow** | Jogoo |
| **Cuckoo** | Cuckoo |
| **Duck** | Bata |
| **Eagle** | Tai |
| **Egg** | Yai |
| **Flamingo** | Flamingo |
| **Goose** | Goose |
| **Gull** | Gull |
| **Heron** | Heron |
| **Ostrich** | Mbuni |
| **Parrot** | Kasuku |
| **Peacock** | Peacock |
| **Pelican** | Pelican |
| **Penguin** | Penguin |
| **Sparrow** | Sparrow |
| **Stork** | Stork |
| **Swan** | Swan |
| **Toucan** | Toucan |

## Boats
### Boti

| | |
|---|---|
| **Anchor** | Nanga |
| **Buoy** | Boya |
| **Canoe** | Mtumbwi |
| **Crew** | Wafanyakazi |
| **Dock** | Kizimba |
| **Engine** | Injini |
| **Ferry** | Kivuko |
| **Kayak** | Kayak |
| **Lake** | Ziwa |
| **Lifeboat** | Lifeboat |
| **Mast** | Mlingoti |
| **Nautical** | Nautical |
| **Raft** | Raft |
| **River** | Mto |
| **Rope** | Kamba |
| **Sailboat** | Mashua |
| **Sailor** | Baharia |
| **Sea** | Bahari |
| **Tide** | Wimbi |
| **Yacht** | Yacht |

## Books
### Vitabu

| | |
|---|---|
| Adventure | Adventure |
| Author | Mwandishi |
| Collection | Ukusanyaji |
| Context | Muktadha |
| Duality | Hali Mbili |
| Epic | Epic |
| Historical | Kihistoria |
| Humorous | Mcheshi |
| Inventive | Uvumbuzi |
| Literary | Fasihi |
| Narrator | Msimulizi |
| Novel | Riwaya |
| Page | Ukurasa |
| Poem | Shairi |
| Poetry | Ushairi |
| Reader | Msomaji |
| Relevant | Husika |
| Story | Hadithi |
| Tragic | Kutisha |
| Written | Imeandikwa |

## Boxing
### Ndondi

| | |
|---|---|
| Bell | Kengele |
| Body | Mwili |
| Chin | Kidevu |
| Corner | Kona |
| Elbow | Kiwiko |
| Exhausted | Nimechoka |
| Fighter | Fighter |
| Fist | Ngumi |
| Focus | Lengo |
| Gloves | Glavu |
| Injuries | Majeruhi |
| Kick | Piga |
| Opponent | Mpinzani |
| Quick | Haraka |
| Recovery | Kupona |
| Referee | Mwamuzi |
| Ropes | Kamba |
| Skill | Ujuzi |
| Strength | Nguvu |

## Buildings
### Majengo

| | |
|---|---|
| Apartment | Ghorofa |
| Barn | Ghala |
| Cabin | Cabin |
| Castle | Ngome |
| Cinema | Sinema |
| Embassy | Ubalozi |
| Factory | Kiwanda |
| Farm | Shamba |
| Garage | Garage |
| Hospital | Hospitali |
| Hostel | Hosteli |
| Hotel | Hoteli |
| Laboratory | Maabara |
| Museum | Makumbusho |
| Observatory | Observatory |
| School | Shule |
| Stadium | Uwanja |
| Tent | Hema |
| Tower | Mnara |
| University | Chuo Kikuu |

## Business
### Biashara

| | |
|---|---|
| Budget | Bajeti |
| Career | Kazi |
| Company | Kampuni |
| Cost | Gharama |
| Discount | Discount |
| Economics | Uchumi |
| Employee | Mfanyakazi |
| Employer | Mwajiri |
| Factory | Kiwanda |
| Finance | Fedha |
| Income | Mapato |
| Investment | Uwekezaji |
| Manager | Meneja |
| Merchandise | Bidhaa |
| Money | Pesa |
| Office | Ofisi |
| Profit | Faida |
| Sale | Kuuza |
| Shop | Duka |
| Taxes | Kodi |

## Camping
### Kupiga Kambi

| | |
|---|---|
| Adventure | Adventure |
| Animals | Wanyama |
| Cabin | Cabin |
| Canoe | Mtumbwi |
| Compass | Dira |
| Fire | Moto |
| Forest | Msitu |
| Fun | Furaha |
| Hammock | Nyanda |
| Hat | Kofia |
| Hunting | Uwindaji |
| Insect | Wadudu |
| Lake | Ziwa |
| Map | Ramani |
| Moon | Mwezi |
| Mountain | Mlima |
| Nature | Asili |
| Rope | Kamba |
| Tent | Hema |
| Trees | Miti |

## Chemistry
### Kemia

| | |
|---|---|
| Acid | Asidi |
| Alkaline | Alkaline |
| Atomic | Atomiki |
| Carbon | Kaboni |
| Catalyst | Kichocheo |
| Chlorine | Klorini |
| Electron | Elektroni |
| Elements | Mambo |
| Gas | Gesi |
| Hydrogen | Haidrojeni |
| Ion | Ioni |
| Liquid | Kioevu |
| Metals | Metali |
| Molecule | Molekuli |
| Nuclear | Nyuklia |
| Organic | Hai |
| Oxygen | Oksijeni |
| Salt | Chumvi |
| Temperature | Joto |
| Weight | Uzito |

## Chocolate
### Chokoleti

| | |
|---|---|
| **Antioxidant** | Antioxidant |
| **Aroma** | Harufu |
| **Artisanal** | Kisanii |
| **Bitter** | Uchungu |
| **Cacao** | Cacao |
| **Calories** | Kalori |
| **Candy** | Pipi |
| **Caramel** | Caramel |
| **Coconut** | Nazi |
| **Exotic** | Kigeni |
| **Favorite** | Favorite |
| **Flavor** | Ladha |
| **Ingredient** | Kiungo |
| **Peanuts** | Karanga |
| **Quality** | Ubora |
| **Recipe** | Mapishi |
| **Sugar** | Sukari |
| **Sweet** | Tamu |
| **Taste** | Ladha |
| **To Eat** | Kula |

## Circus
### Circus

| | |
|---|---|
| **Acrobat** | Acrobat |
| **Animals** | Wanyama |
| **Balloons** | Balloons |
| **Candy** | Pipi |
| **Costume** | Costume |
| **Elephant** | Tembo |
| **Juggler** | Juggler |
| **Lion** | Simba |
| **Magic** | Uchawi |
| **Magician** | Mchawi |
| **Monkey** | Nyani |
| **Music** | Muziki |
| **Parade** | Gwaride |
| **Show** | Onyesha |
| **Spectacular** | Kuvutia |
| **Spectator** | Mtazamaji |
| **Tent** | Hema |
| **Ticket** | Tiketi |
| **Tiger** | Tiger |
| **Trick** | Hila |

## Climbing
### Kupanda

| | |
|---|---|
| **Altitude** | Urefu |
| **Atmosphere** | Anga |
| **Boots** | Buti |
| **Cave** | Pango |
| **Challenges** | Changamoto |
| **Curiosity** | Udadisi |
| **Expert** | Mtaalam |
| **Gloves** | Glavu |
| **Guides** | Viongozi |
| **Helmet** | Kofia |
| **Hiking** | Kupanda |
| **Injury** | Jeraha |
| **Map** | Ramani |
| **Narrow** | Nyembamba |
| **Physical** | Kimwili |
| **Stability** | Utulivu |
| **Strength** | Nguvu |
| **Terrain** | Ardhi |
| **Training** | Mafunzo |

## Clothes
### Nguo

| | |
|---|---|
| **Apron** | Apron |
| **Belt** | Ukanda |
| **Blouse** | Blouse |
| **Bracelet** | Bangili |
| **Coat** | Kanzu |
| **Dress** | Nguo |
| **Fashion** | Mtindo |
| **Gloves** | Glavu |
| **Hat** | Kofia |
| **Jacket** | Koti |
| **Jeans** | Jeans |
| **Jewelry** | Kujitia |
| **Pajamas** | Pajamas |
| **Pants** | Suruali |
| **Sandals** | Viatu |
| **Scarf** | Kovu |
| **Shirt** | Shati |
| **Shoe** | Kiatu |
| **Skirt** | Skirt |
| **Sweater** | Sweta |

## Coffee
### Kahawa

| | |
|---|---|
| **Acidic** | Tindikali |
| **Aroma** | Harufu |
| **Beverage** | Kinywaji |
| **Bitter** | Uchungu |
| **Black** | Nyeusi |
| **Caffeine** | Caffeine |
| **Cream** | Cream |
| **Cup** | Kikombe |
| **Filter** | Chuja |
| **Flavor** | Ladha |
| **Grind** | Saga |
| **Liquid** | Kioevu |
| **Milk** | Maziwa |
| **Morning** | Asubuhi |
| **Origin** | Asili |
| **Price** | Bei |
| **Sugar** | Sukari |
| **To Drink** | Kunywa |
| **Variety** | Aina |
| **Water** | Maji |

## Colors
### Rangi

| | |
|---|---|
| **Azure** | Azure |
| **Beige** | Beige |
| **Black** | Nyeusi |
| **Blue** | Bluu |
| **Brown** | Kahawia |
| **Crimson** | Bendera |
| **Cyan** | Cyan |
| **Fuchsia** | Fuchsia |
| **Green** | Kijani |
| **Grey** | Kijivu |
| **Indigo** | Indigo |
| **Magenta** | Magenta |
| **Orange** | Machungwa |
| **Pink** | Pink |
| **Purple** | Zambarau |
| **Red** | Nyekundu |
| **Violet** | Violet |
| **White** | Nyeupe |
| **Yellow** | Njano |

## Countries #1
### Nchi #1

| | |
|---|---|
| **Brazil** | Brazili |
| **Canada** | Kanada |
| **Egypt** | Misri |
| **Finland** | Finland |
| **Germany** | Ujerumani |
| **Iraq** | Iraq |
| **Israel** | Israel |
| **Italy** | Italia |
| **Latvia** | Latvia |
| **Libya** | Libya |
| **Morocco** | Morocco |
| **Nicaragua** | Nicagua |
| **Norway** | Norway |
| **Panama** | Panama |
| **Poland** | Upoland |
| **Romania** | Romania |
| **Senegal** | Senegal |
| **Spain** | Hispania |
| **Venezuela** | Venezuela |
| **Vietnam** | Vietnam |

## Countries #2
### Nchi ya #2

| | |
|---|---|
| **Albania** | Albania |
| **Denmark** | Denmark |
| **Ethiopia** | Ethiopia |
| **Greece** | Ugiriki |
| **Haiti** | Haiti |
| **Jamaica** | Jamaica |
| **Japan** | Japan |
| **Laos** | Laos |
| **Lebanon** | Lebanoni |
| **Liberia** | Liberia |
| **Mexico** | Mexico |
| **Nepal** | Nepal |
| **Nigeria** | Nigeria |
| **Pakistan** | Pakistan |
| **Russia** | Urusi |
| **Somalia** | Somalia |
| **Sudan** | Sudan |
| **Syria** | Syria |
| **Uganda** | Uganda |
| **Ukraine** | Ukraine |

## Days and Months
### Siku na Miezi

| | |
|---|---|
| **April** | Aprili |
| **August** | Agosti |
| **Calendar** | Kalenda |
| **February** | Februari |
| **Friday** | Ijumaa |
| **January** | Januari |
| **July** | Julai |
| **March** | Machi |
| **Monday** | Jumatatu |
| **Month** | Mwezi |
| **November** | Novemba |
| **October** | Oktoba |
| **Saturday** | Jumamosi |
| **September** | Septemba |
| **Sunday** | Jumapili |
| **Thursday** | Alhamisi |
| **Tuesday** | Jumanne |
| **Wednesday** | Jumatano |
| **Week** | Wiki |
| **Year** | Mwaka |

## Diplomacy
### Diplomasia

| | |
|---|---|
| **Adviser** | Mshauri |
| **Ambassador** | Balozi |
| **Citizens** | Raia |
| **Community** | Jamii |
| **Conflict** | Migogoro |
| **Cooperation** | Ushirikiano |
| **Diplomatic** | Kidiplomasia |
| **Discussion** | Mjadala |
| **Embassy** | Ubalozi |
| **Ethics** | Maadili |
| **Foreign** | Kigeni |
| **Government** | Serikali |
| **Humanitarian** | Kibinadamu |
| **Integrity** | Uadilifu |
| **Justice** | Haki |
| **Politics** | Siasa |
| **Resolution** | Azimio |
| **Security** | Usalama |
| **Solution** | Suluhisho |
| **Treaty** | Mkataba |

## Driving
### Kuendesha Gari

| | |
|---|---|
| **Accident** | Ajali |
| **Brakes** | Breki |
| **Car** | Gari |
| **Danger** | Hatari |
| **Driver** | Dereva |
| **Fuel** | Mafuta |
| **Garage** | Garage |
| **Gas** | Gesi |
| **License** | Leseni |
| **Map** | Ramani |
| **Motor** | Motor |
| **Motorcycle** | Pikipiki |
| **Pedestrian** | Pedestrian |
| **Police** | Polisi |
| **Road** | Barabara |
| **Safety** | Usalama |
| **Speed** | Kasi |
| **Traffic** | Trafiki |
| **Truck** | Lori |
| **Tunnel** | Handaki |

## Energy
### Nishati

| | |
|---|---|
| **Battery** | Betri |
| **Carbon** | Kaboni |
| **Diesel** | Dizeli |
| **Electric** | Umeme |
| **Electron** | Elektroni |
| **Engine** | Injini |
| **Entropy** | Entropy |
| **Environment** | Mazingira |
| **Fuel** | Mafuta |
| **Gasoline** | Petroli |
| **Heat** | Joto |
| **Hydrogen** | Haidrojeni |
| **Industry** | Kiwanda |
| **Motor** | Motor |
| **Nuclear** | Nyuklia |
| **Photon** | Picha |
| **Pollution** | Uchafuzi |
| **Renewable** | Upya |
| **Turbine** | Turbine |
| **Wind** | Upepo |

## Engineering
### Uhandisi

| | |
|---|---|
| Angle | Pembe |
| Axis | Mhimili |
| Calculation | Hesabu |
| Construction | Ujenzi |
| Depth | Kina |
| Diagram | Mchoro |
| Diameter | Kipenyo |
| Diesel | Dizeli |
| Distribution | Usambazaji |
| Energy | Nishati |
| Engine | Injini |
| Gears | Gia |
| Levers | Levers |
| Liquid | Kioevu |
| Machine | Mashine |
| Measurement | Kipimo |
| Motor | Motor |
| Propulsion | Propulsion |
| Stability | Utulivu |
| Structure | Muundo |

## Family
### Familia

| | |
|---|---|
| Ancestor | Babu |
| Aunt | Shangazi |
| Brother | Ndugu |
| Child | Mtoto |
| Childhood | Utoto |
| Children | Watoto |
| Cousin | Binamu |
| Daughter | Binti |
| Father | Baba |
| Grandmother | Bibi |
| Grandson | Mjukuu |
| Husband | Mume |
| Mother | Mama |
| Nephew | Mpwa |
| Paternal | Ubaba |
| Sister | Dada |
| Twins | Mapacha |
| Uncle | Mjomba |
| Wife | Mke |

## Farm #1
### Shamba #1

| | |
|---|---|
| Agriculture | Kilimo |
| Bee | Nyuki |
| Bison | Bison |
| Calf | Ndama |
| Cat | Paka |
| Chicken | Kuku |
| Cow | Ng'Ombe |
| Crow | Jogoo |
| Dog | Mbwa |
| Donkey | Punda |
| Fence | Uzio |
| Fertilizer | Mbolea |
| Field | Uwanja |
| Goat | Mbuzi |
| Hay | Hay |
| Honey | Asali |
| Horse | Farasi |
| Rice | Mchele |
| Seeds | Mbegu |
| Water | Maji |

## Farm #2
### Shamba #2

| | |
|---|---|
| Animals | Wanyama |
| Barley | Shayiri |
| Barn | Ghala |
| Corn | Mahindi |
| Duck | Bata |
| Farmer | Mkulima |
| Food | Chakula |
| Fruit | Matunda |
| Irrigation | Umwagiliaji |
| Llama | Llama |
| Meadow | Ufupi |
| Milk | Maziwa |
| Orchard | Bustani |
| Sheep | Kondoo |
| Shepherd | Mchungaji |
| To Grow | Kukua |
| Tractor | Trekta |
| Vegetable | Mboga |
| Wheat | Ngano |
| Windmill | Windmill |

## Fashion
### Mitindo

| | |
|---|---|
| Affordable | Nafuu |
| Boutique | Boutique |
| Buttons | Vifungo |
| Clothing | Mavazi |
| Elegant | Kifahari |
| Embroidery | Embroidery |
| Expensive | Ghali |
| Fabric | Kitambaa |
| Lace | Lace |
| Measurements | Vipimo |
| Minimalist | Minimalist |
| Modern | Kisasa |
| Modest | Kawaida |
| Original | Asili |
| Pattern | Mfano |
| Practical | Vitendo |
| Simple | Rahisi |
| Style | Mtindo |
| Texture | Utukufu |
| Trend | Mwenendo |

## Fishing
### Uvuvi

| | |
|---|---|
| Bait | Chambo |
| Basket | Kikapu |
| Beach | Pwani |
| Boat | Mashua |
| Cook | Kupika |
| Equipment | Vifaa |
| Exaggeration | Kuzidisha |
| Fins | Mapezi |
| Gills | Gills |
| Hook | Ndoano |
| Jaw | Taya |
| Lake | Ziwa |
| Ocean | Bahari |
| Patience | Uvumilivu |
| River | Mto |
| Scales | Mizani |
| Season | Msimu |
| Water | Maji |
| Weight | Uzito |
| Wire | Waya |

## Flowers
### Maua

| | |
|---|---|
| **Bouquet** | Bouquet |
| **Clover** | Clover |
| **Daffodil** | Daffodil |
| **Daisy** | Daisy |
| **Dandelion** | Dandelion |
| **Gardenia** | Gardenia |
| **Hibiscus** | Hibiscus |
| **Jasmine** | Jasmine |
| **Lavender** | Lavender |
| **Lilac** | Lilac |
| **Lily** | Lily |
| **Magnolia** | Magnolia |
| **Orchid** | Orchid |
| **Passionflower** | Passionflower |
| **Peony** | Peony |
| **Petal** | Petal |
| **Plumeria** | Plumeria |
| **Poppy** | Poppy |
| **Sunflower** | Alizeti |
| **Tulip** | Tulip |

## Food #1
### Chakula #1

| | |
|---|---|
| **Apricot** | Apricot |
| **Barley** | Shayiri |
| **Basil** | Mrihani |
| **Carrot** | Karoti |
| **Cinnamon** | Mdalasini |
| **Garlic** | Vitunguu |
| **Juice** | Juisi |
| **Lemon** | Ndimu |
| **Milk** | Maziwa |
| **Onion** | Kitunguu |
| **Peanut** | Karanga |
| **Pear** | Pear |
| **Salad** | Saladi |
| **Salt** | Chumvi |
| **Soup** | Supu |
| **Spinach** | Mchicha |
| **Strawberry** | Strawberry |
| **Sugar** | Sukari |
| **Tuna** | Tuna |
| **Turnip** | Turnip |

## Food #2
### Chakula #2

| | |
|---|---|
| **Apple** | Apple |
| **Artichoke** | Artichoke |
| **Banana** | Ndizi |
| **Broccoli** | Brokoli |
| **Celery** | Celery |
| **Cheese** | Jibini |
| **Cherry** | Chery |
| **Chicken** | Kuku |
| **Chocolate** | Chokoleti |
| **Egg** | Yai |
| **Eggplant** | Mbilingani |
| **Fish** | Samaki |
| **Grape** | Zabibu |
| **Ham** | Hamu |
| **Kiwi** | Kiwi |
| **Mushroom** | Uyoga |
| **Rice** | Mchele |
| **Tomato** | Nyanya |
| **Wheat** | Ngano |
| **Yogurt** | Mtindi |

## Force and Gravity
### Nguvu na Mvuto

| | |
|---|---|
| **Axis** | Mhimili |
| **Center** | Kituo |
| **Discovery** | Ugunduzi |
| **Distance** | Umbali |
| **Dynamic** | Nguvu |
| **Expansion** | Upanuzi |
| **Friction** | Msuguano |
| **Impact** | Athari |
| **Magnetism** | Magnetism |
| **Magnitude** | Ukubwa |
| **Mechanics** | Mechanics |
| **Orbit** | Obit |
| **Physics** | Fizikia |
| **Pressure** | Shinikizo |
| **Properties** | Mali |
| **Speed** | Kasi |
| **Time** | Wakati |
| **To Generate** | Kuzalisha |
| **Universal** | Wote |
| **Weight** | Uzito |

## Fruit
### Matunda

| | |
|---|---|
| **Apple** | Apple |
| **Apricot** | Apricot |
| **Avocado** | Avocado |
| **Banana** | Ndizi |
| **Berry** | Berry |
| **Cherry** | Chery |
| **Coconut** | Nazi |
| **Fig** | Mtini |
| **Grape** | Zabibu |
| **Guava** | Mapera |
| **Kiwi** | Kiwi |
| **Lemon** | Ndimu |
| **Mango** | Embe |
| **Melon** | Tikiti |
| **Nectarine** | Nectarine |
| **Papaya** | Papai |
| **Peach** | Peach |
| **Pear** | Pear |
| **Pineapple** | Mananasi |
| **Raspberry** | Raspberry |

## Furniture
### Samani

| | |
|---|---|
| **Armchair** | Armchair |
| **Armoire** | Armoire |
| **Bed** | Kitanda |
| **Bench** | Benchi |
| **Bookcase** | Bookcase |
| **Chair** | Mwenyekiti |
| **Comforters** | Wafariji |
| **Curtains** | Mapazia |
| **Cushions** | Mito |
| **Desk** | Dawati |
| **Dresser** | Mfanyakazi |
| **Futon** | Futon |
| **Hammock** | Nyanda |
| **Lamp** | Taa |
| **Mattress** | Godoro |
| **Mirror** | Kioo |
| **Pillow** | Mto |
| **Rug** | Rug |
| **Shelves** | Rafu |

## Garden
### Bustani

| | |
|---|---|
| Bench | Benchi |
| Bush | Kichafu |
| Fence | Uzio |
| Flower | Ua |
| Garage | Garage |
| Garden | Bustani |
| Grass | Nyasi |
| Hammock | Nyanda |
| Hose | Hose |
| Pond | Bwawa |
| Porch | Ukumbi |
| Rake | Tafuta |
| Rocks | Miamba |
| Shovel | Koleo |
| Soil | Udongo |
| Terrace | Mtaro |
| Trampoline | Trampoline |
| Tree | Mti |
| Vine | Mzabibu |
| Weeds | Magugu |

## Gardening
### Kutunza Bustani

| | |
|---|---|
| Blossom | Maua |
| Botanical | Mimea |
| Bouquet | Bouquet |
| Climate | Hali ya Hewa |
| Compost | Mboji |
| Container | Chombo |
| Dirt | Uchafu |
| Edible | Chakula |
| Exotic | Kigeni |
| Foliage | Majani |
| Hose | Hose |
| Leaf | Jani |
| Moisture | Unyevu |
| Orchard | Bustani |
| Seasonal | Msimu |
| Seeds | Mbegu |
| Soil | Udongo |
| Species | Aina |
| Water | Maji |

## Geography
### Jiografia

| | |
|---|---|
| Altitude | Urefu |
| Atlas | Atlas |
| City | Mji |
| Continent | Bara |
| Country | Nchi |
| Elevation | Mwinuko |
| Hemisphere | Hemisphere |
| Island | Kisiwa |
| Latitude | Latitudo |
| Map | Ramani |
| Meridian | Meridian |
| Mountain | Mlima |
| North | Kaskazini |
| Region | Mkoa |
| River | Mto |
| Sea | Bahari |
| South | Kusini |
| Territory | Eneo |
| West | Magharibi |
| World | Dunia |

## Geology
### Jiolojia

| | |
|---|---|
| Acid | Asidi |
| Calcium | Calcium |
| Cavern | Pango |
| Continent | Bara |
| Coral | Matumbawe |
| Crystals | Fuwele |
| Cycles | Mizunguko |
| Erosion | Mmomonyoko |
| Fossil | Mafuta |
| Geyser | Geyser |
| Lava | Lava |
| Layer | Safu |
| Minerals | Madini |
| Molten | Kuyeyuka |
| Plateau | Plateau |
| Quartz | Quartz |
| Salt | Chumvi |
| Stalactite | Stalactite |
| Stone | Jiwe |
| Volcano | Volkano |

## Geometry
### Jiometri

| | |
|---|---|
| Angle | Pembe |
| Calculation | Hesabu |
| Circle | Duara |
| Curve | Kizingo |
| Diameter | Kipenyo |
| Dimension | Mwelekeo |
| Equation | Equation |
| Height | Urefu |
| Horizontal | Usawa |
| Logic | Mantiki |
| Mass | Misa |
| Median | Wastani |
| Parallel | Sambamba |
| Proportion | Uwiano |
| Segment | Sehemu |
| Surface | Uso |
| Symmetry | Ulinganifu |
| Theory | Nadharia |
| Triangle | Pembetatu |
| Vertical | Wima |

## Government
### Serikali

| | |
|---|---|
| Citizenship | Uraia |
| Civil | Mwananchi |
| Constitution | Katiba |
| Democracy | Demokrasia |
| Discussion | Mjadala |
| District | Wilaya |
| Equality | Usawa |
| Judicial | Mahakama |
| Justice | Haki |
| Law | Sheria |
| Leader | Kiongozi |
| Legal | Kisheria |
| Liberty | Uhuru |
| Monument | Monument |
| Nation | Taifa |
| Peaceful | Amani |
| Politics | Siasa |
| Speech | Hotuba |
| State | Hali |
| Symbol | Ishara |

## Hair Types
### Aina za Nywele

| | |
|---|---|
| Bald | Upara |
| Black | Nyeusi |
| Blond | Picha |
| Braided | Kusuka |
| Braids | Almaria |
| Brown | Kahawia |
| Colored | Rangi |
| Curls | Curls |
| Curly | Curly |
| Dry | Kavu |
| Gray | Kijivu |
| Healthy | Afya |
| Long | Ndefu |
| Shiny | Shiny |
| Short | Fupi |
| Silver | Fedha |
| Soft | Laini |
| Thick | Nene |
| Thin | Nyembamba |
| White | Nyeupe |

## Health and Wellness #1
### Afya na Wellness #1

| | |
|---|---|
| Active | Hai |
| Bacteria | Bakteria |
| Bones | Mifupa |
| Clinic | Kliniki |
| Doctor | Daktari |
| Fracture | Fracture |
| Habit | Tabia |
| Height | Urefu |
| Hormones | Homoni |
| Hunger | Njaa |
| Muscles | Misuli |
| Nerves | Neva |
| Pharmacy | Pharmacy |
| Reflex | Reflex |
| Relaxation | Kupumzika |
| Skin | Ngozi |
| Therapy | Tiba |
| To Breathe | Kupumua |
| Treatment | Matibabu |
| Virus | Virusi |

## Health and Wellness #2
### Afya na Wellness #2

| | |
|---|---|
| Allergy | Mzio |
| Anatomy | Anatomi |
| Appetite | Hamu |
| Blood | Damu |
| Calorie | Kalori |
| Diet | Mlo |
| Disease | Ugonjwa |
| Energy | Nishati |
| Genetics | Genetics |
| Healthy | Afya |
| Hospital | Hospitali |
| Hygiene | Usafi |
| Infection | Maambukizi |
| Massage | Massage |
| Mood | Mood |
| Nutrition | Lishe |
| Recovery | Kupona |
| Stress | Stress |
| Vitamin | Vitamini |
| Weight | Uzito |

## Herbalism
### Herbalism

| | |
|---|---|
| Aromatic | Kunukia |
| Basil | Mrihani |
| Beneficial | Manufaa |
| Culinary | Upishi |
| Fennel | Fennel |
| Flavor | Ladha |
| Flower | Ua |
| Garden | Bustani |
| Garlic | Vitunguu |
| Green | Kijani |
| Ingredient | Kiungo |
| Lavender | Lavender |
| Marjoram | Marjoram |
| Mint | Mint |
| Oregano | Oregano |
| Parsley | Parsley |
| Plant | Mmea |
| Rosemary | Rosemary |
| Saffron | Saffron |
| Tarragon | Tarragon |

## Hiking
### Kutembea kwa Miguu

| | |
|---|---|
| Animals | Wanyama |
| Boots | Buti |
| Camping | Kambi |
| Cliff | Jabali |
| Climate | Hali ya Hewa |
| Guides | Viongozi |
| Hazards | Hatari |
| Heavy | Nzito |
| Map | Ramani |
| Mountain | Mlima |
| Nature | Asili |
| Orientation | Mwelekeo |
| Parks | Mbuga |
| Preparation | Maandalizi |
| Stones | Mawe |
| Summit | Mkutano |
| Sun | Jua |
| Tired | Uchovu |
| Water | Maji |
| Wild | Pori |

## House
### Nyumba

| | |
|---|---|
| Attic | Attic |
| Broom | Ufagio |
| Curtains | Mapazia |
| Door | Mlango |
| Fence | Uzio |
| Fireplace | Fireplace |
| Floor | Sakafu |
| Furniture | Samani |
| Garage | Garage |
| Garden | Bustani |
| Keys | Funguo |
| Kitchen | Jikoni |
| Lamp | Taa |
| Library | Maktaba |
| Mirror | Kioo |
| Roof | Paa |
| Room | Chumba |
| Shower | Kuoga |
| Wall | Ukuta |
| Window | Dirisha |

## Human Body
Mwili wa Mwanadamu

| | |
|---|---|
| Ankle | Kifundo |
| Blood | Damu |
| Bones | Mifupa |
| Brain | Ubongo |
| Chin | Kidevu |
| Ear | Sikio |
| Elbow | Kiwiko |
| Face | Uso |
| Finger | Kidole |
| Hand | Mkono |
| Head | Kichwa |
| Heart | Moyo |
| Jaw | Taya |
| Knee | Goti |
| Leg | Mguu |
| Mouth | Mdomo |
| Neck | Shingo |
| Nose | Pua |
| Shoulder | Bega |
| Skin | Ngozi |

## Insects
Wadudu

| | |
|---|---|
| Ant | Ant |
| Aphid | Aphid |
| Bee | Nyuki |
| Beetle | Mende |
| Butterfly | Kipepeo |
| Cicada | Cicada |
| Cockroach | Jengo |
| Dragonfly | Dragonfly |
| Flea | Kiroboto |
| Grasshopper | Panzi |
| Hornet | Hornet |
| Ladybug | Ladybug |
| Larva | Buu |
| Locust | Nzige |
| Mantis | Mantis |
| Mosquito | Mbu |
| Moth | Nondo |
| Termite | Mchwa |
| Wasp | Wasp |
| Worm | Minyoo |

## Jazz
Jazi

| | |
|---|---|
| Album | Albamu |
| Applause | Makofi |
| Artist | Msanii |
| Composer | Mtunzi |
| Composition | Muundo |
| Concert | Tamasha |
| Drums | Ngoma |
| Emphasis | Mkazo |
| Famous | Maarufu |
| Favorites | Vipenzi |
| Improvisation | Improvisation |
| Music | Muziki |
| New | Mpya |
| Old | Mzee |
| Orchestra | Orchestra |
| Rhythm | Rhythm |
| Song | Wimbo |
| Style | Mtindo |
| Talent | Vipaji |
| Technique | Mbinu |

## Landscapes
Mandhari

| | |
|---|---|
| Beach | Pwani |
| Cave | Pango |
| Cliff | Jabali |
| Cove | Cove |
| Desert | Jangwa |
| Geyser | Geyser |
| Glacier | Glacier |
| Hill | Kilima |
| Iceberg | Iceberg |
| Island | Kisiwa |
| Lake | Ziwa |
| Mountain | Mlima |
| Oasis | Oasis |
| Peninsula | Peninsula |
| River | Mto |
| Sea | Bahari |
| Swamp | Kitambi |
| Tundra | Tundra |
| Valley | Bonde |
| Volcano | Volkano |

## Literature
Fasihi

| | |
|---|---|
| Analysis | Uchambuzi |
| Anecdote | Anecdote |
| Author | Mwandishi |
| Biography | Wasifu |
| Comparison | Kulinganisha |
| Conclusion | Hitimisho |
| Description | Maelezo |
| Dialogue | Mazungumzo |
| Fiction | Uongo |
| Metaphor | Mfano |
| Narrator | Msimulizi |
| Novel | Riwaya |
| Opinion | Maoni |
| Poem | Shairi |
| Poetic | Ushairi |
| Rhyme | Wimbo |
| Rhythm | Rhythm |
| Style | Mtindo |
| Theme | Mandhari |
| Tragedy | Janga |

## Mammals
Mamalia

| | |
|---|---|
| Bear | Kubeba |
| Beaver | Beaver |
| Bull | Ng'Ombe |
| Cat | Paka |
| Coyote | Coyote |
| Dog | Mbwa |
| Dolphin | Dolphin |
| Elephant | Tembo |
| Fox | Mbweha |
| Giraffe | Twiga |
| Gorilla | Gorilla |
| Horse | Farasi |
| Kangaroo | Kangaroo |
| Lion | Simba |
| Monkey | Nyani |
| Rabbit | Sungura |
| Sheep | Kondoo |
| Whale | Nyangumi |
| Wolf | Mbwa Mwitu |
| Zebra | Pundamilia |

## Math
### Hisabati

| | |
|---|---|
| **Angles** | Pembe |
| **Arithmetic** | Heri |
| **Decimal** | Nukta |
| **Diameter** | Kipenyo |
| **Division** | Mgawanyiko |
| **Equation** | Equation |
| **Exponent** | Exponent |
| **Fraction** | Sehemu |
| **Geometry** | Jiometri |
| **Numbers** | Namba |
| **Parallel** | Sambamba |
| **Parallelogram** | Parallelogram |
| **Perimeter** | Mzunguko |
| **Polygon** | Pembenyingi |
| **Rectangle** | Mstatili |
| **Square** | Mraba |
| **Sum** | Jumla |
| **Symmetry** | Ulinganifu |
| **Triangle** | Pembetatu |
| **Volume** | Kiasi |

## Measurements
### Vipimo

| | |
|---|---|
| **Byte** | Baiti |
| **Centimeter** | Sentimita |
| **Decimal** | Nukta |
| **Degree** | Shahada |
| **Depth** | Kina |
| **Gram** | Gram |
| **Inch** | Inchi |
| **Kilogram** | Kilo |
| **Kilometer** | Kilomita |
| **Length** | Urefu |
| **Liter** | Lita |
| **Mass** | Misa |
| **Meter** | Mita |
| **Minute** | Dakika |
| **Ounce** | Wakia |
| **Ton** | Tani |
| **Volume** | Kiasi |
| **Weight** | Uzito |
| **Width** | Upana |

## Meditation
### Kutafakari

| | |
|---|---|
| **Acceptance** | Kukubalika |
| **Attention** | Makini |
| **Awake** | Amka |
| **Breathing** | Kupumua |
| **Calm** | Utulivu |
| **Clarity** | Uwazi |
| **Compassion** | Huruma |
| **Emotions** | Hisia |
| **Gratitude** | Shukrani |
| **Habits** | Tabia |
| **Kindness** | Wema |
| **Mental** | Akili |
| **Movement** | Harakati |
| **Music** | Muziki |
| **Nature** | Asili |
| **Peace** | Amani |
| **Perspective** | Mtazamo |
| **Silence** | Kimya |
| **Thoughts** | Mawazo |
| **To Learn** | Kujifunza |

## Music
### Muziki

| | |
|---|---|
| **Album** | Albamu |
| **Ballad** | Ballad |
| **Chorus** | Chorus |
| **Classical** | Classical |
| **Eclectic** | Eclectic |
| **Harmonic** | Harmonic |
| **Harmony** | Amani |
| **Lyrical** | Lyrical |
| **Melody** | Melody |
| **Microphone** | Kipaza Sauti |
| **Musical** | Muziki |
| **Musician** | Mwanamuziki |
| **Opera** | Opera |
| **Poetic** | Ushairi |
| **Recording** | Kurekodi |
| **Rhythm** | Rhythm |
| **Rhythmic** | Rhythmic |
| **Sing** | Imba |
| **Singer** | Mwimbaji |
| **Vocal** | Sauti |

## Musical Instruments
### Vyombo vya Muziki

| | |
|---|---|
| **Banjo** | Banjo |
| **Bassoon** | Bassoon |
| **Cello** | Cello |
| **Clarinet** | Clarinet |
| **Drum** | Ngoma |
| **Flute** | Filimbi |
| **Gong** | Gong |
| **Guitar** | Gita |
| **Harmonica** | Harmonica |
| **Harp** | Kinubi |
| **Mandolin** | Mandolin |
| **Marimba** | Marimba |
| **Oboe** | Oboe |
| **Percussion** | Percussion |
| **Piano** | Piano |
| **Saxophone** | Saksafoni |
| **Tambourine** | Tari |
| **Trombone** | Trombone |
| **Trumpet** | Tarumbeta |
| **Violin** | Violin |

## Mythology
### Mythology

| | |
|---|---|
| **Archetype** | Archetype |
| **Behavior** | Tabia |
| **Beliefs** | Imani |
| **Creation** | Uumbaji |
| **Creature** | Kiumbe |
| **Culture** | Utamaduni |
| **Deities** | Miungu |
| **Disaster** | Janga |
| **Heaven** | Mbinguni |
| **Immortality** | Kutokufa |
| **Jealousy** | Wivu |
| **Labyrinth** | Labyrinth |
| **Legend** | Hadithi |
| **Lightning** | Umeme |
| **Monster** | Monster |
| **Mortal** | Kufa |
| **Revenge** | Kisasi |
| **Strength** | Nguvu |
| **Thunder** | Radi |
| **Warrior** | Shujaa |

## Nature
### Asili

| | |
|---|---|
| **Animals** | Wanyama |
| **Arctic** | Arctic |
| **Beauty** | Uzuri |
| **Bees** | Nyuki |
| **Cliffs** | Cliffs |
| **Clouds** | Mawingu |
| **Desert** | Jangwa |
| **Dynamic** | Nguvu |
| **Erosion** | Mmomonyoko |
| **Fog** | Ukungu |
| **Foliage** | Majani |
| **Forest** | Msitu |
| **Glacier** | Glacier |
| **Peaceful** | Amani |
| **River** | Mto |
| **Sanctuary** | Patakatifu |
| **Serene** | Serene |
| **Tropical** | Kitropiki |
| **Vital** | Muhimu |
| **Wild** | Pori |

## Numbers
### Nambari

| | |
|---|---|
| **Decimal** | Nukta |
| **Eight** | Nane |
| **Eighteen** | Kumi na Nane |
| **Fifteen** | Kumi na Tano |
| **Five** | Tano |
| **Four** | Nne |
| **Fourteen** | Kumi na Nne |
| **Nine** | Tisa |
| **Nineteen** | Kumi na Tisa |
| **One** | Moja |
| **Seven** | Saba |
| **Seventeen** | Kumi na Saba |
| **Six** | Sita |
| **Sixteen** | Kumi na Sita |
| **Ten** | Kumi |
| **Thirteen** | Kumi na Tatu |
| **Three** | Tatu |
| **Twelve** | Kumi na Mbili |
| **Twenty** | Ishirini |
| **Two** | Mbili |

## Nutrition
### Lishe

| | |
|---|---|
| **Appetite** | Hamu |
| **Balanced** | Uwiano |
| **Bitter** | Uchungu |
| **Calories** | Kalori |
| **Carbohydrates** | Wanga |
| **Diet** | Mlo |
| **Digestion** | Digestion |
| **Edible** | Chakula |
| **Fermentation** | Fermentation |
| **Flavor** | Ladha |
| **Habits** | Tabia |
| **Health** | Afya |
| **Liquids** | Vinywaji |
| **Nutrient** | Madini |
| **Proteins** | Protini |
| **Quality** | Ubora |
| **Sauce** | Mchuzi |
| **Toxin** | Sumu |
| **Vitamin** | Vitamini |
| **Weight** | Uzito |

## Ocean
### Bahari

| | |
|---|---|
| **Algae** | Mwani |
| **Boat** | Mashua |
| **Coral** | Matumbawe |
| **Crab** | Kaa |
| **Dolphin** | Dolphin |
| **Eel** | Eel |
| **Fish** | Samaki |
| **Jellyfish** | Jellyfish |
| **Octopus** | Pweza |
| **Oyster** | Chaza |
| **Reef** | Mwamba |
| **Salt** | Chumvi |
| **Shark** | Papa |
| **Shrimp** | Shrimp |
| **Sponge** | Sponge |
| **Storm** | Dhoruba |
| **Tuna** | Tuna |
| **Turtle** | Turtle |
| **Waves** | Mawimbi |
| **Whale** | Nyangumi |

## Philanthropy
### Uhisani

| | |
|---|---|
| **Challenges** | Changamoto |
| **Charity** | Hisani |
| **Children** | Watoto |
| **Community** | Jamii |
| **Contacts** | Mawasiliano |
| **Finance** | Fedha |
| **Generosity** | Ukarimu |
| **Global** | Kimataifa |
| **Goals** | Malengo |
| **Groups** | Vikundi |
| **History** | Historia |
| **Honesty** | Uaminifu |
| **Humanity** | Ubinadamu |
| **Mission** | Misheni |
| **Need** | Haja |
| **People** | Watu |
| **Programs** | Mipango |
| **Public** | Umma |
| **Youth** | Vijana |

## Physics
### Fizikia

| | |
|---|---|
| **Acceleration** | Kuongeza Kasi |
| **Atom** | Atomi |
| **Chaos** | Machafuko |
| **Chemical** | Kemikali |
| **Density** | Wiani |
| **Electron** | Elektroni |
| **Engine** | Injini |
| **Expansion** | Upanuzi |
| **Formula** | Kanuni |
| **Frequency** | Frequency |
| **Gas** | Gesi |
| **Magnetism** | Magnetism |
| **Mass** | Misa |
| **Mechanics** | Mechanics |
| **Molecule** | Molekuli |
| **Nuclear** | Nyuklia |
| **Particle** | Chembe |
| **Relativity** | Uhusiano |
| **Speed** | Kasi |
| **Universal** | Wote |

## Plants
### Mimea

| | |
|---|---|
| Bamboo | Mianzi |
| Bean | Maharage |
| Berry | Berry |
| Blossom | Maua |
| Bush | Kichafu |
| Cactus | Cactus |
| Fertilizer | Mbolea |
| Flora | Flora |
| Flower | Ua |
| Foliage | Majani |
| Forest | Msitu |
| Garden | Bustani |
| Grass | Nyasi |
| Ivy | Ivy |
| Moss | Moss |
| Petal | Petal |
| Root | Mizizi |
| Stem | Shina |
| Tree | Mti |
| Vegetation | Mimea |

## Professions #1
### Taaluma #1

| | |
|---|---|
| Ambassador | Balozi |
| Astronomer | Falaki |
| Attorney | Wakili |
| Banker | Benki |
| Cartographer | Cartographer |
| Coach | Kocha |
| Dancer | Dancer |
| Doctor | Daktari |
| Editor | Mhariri |
| Firefighter | Mzima Moto |
| Geologist | Mwanajiolojia |
| Hunter | Wawindaji |
| Jeweler | Jeweler |
| Lawyer | Mwanasheria |
| Musician | Mwanamuziki |
| Nurse | Muuguzi |
| Pianist | Pianist |
| Plumber | Plumber |
| Sailor | Baharia |
| Tailor | Tailor |

## Professions #2
### Taaluma #2

| | |
|---|---|
| Astronaut | Mwanaanga |
| Biologist | Biolojia |
| Chemist | Kemia |
| Detective | Upelelezi |
| Engineer | Mhandisi |
| Farmer | Mkulima |
| Illustrator | Illustrator |
| Inventor | Mvumbuzi |
| Librarian | Mtabiri |
| Linguist | Isimu |
| Painter | Mchoraji |
| Philosopher | Mwanafalsafa |
| Photographer | Mpiga Picha |
| Physician | Daktari |
| Pilot | Majaribio |
| Professor | Profesa |
| Researcher | Mtafiti |
| Surgeon | Upasuaji |
| Teacher | Mwalimu |
| Zoologist | Zoologist |

## Psychology
### Saikolojia

| | |
|---|---|
| Appointment | Uteuzi |
| Assessment | Tathmini |
| Behavior | Tabia |
| Childhood | Utoto |
| Clinical | Kliniki |
| Cognition | Utambuzi |
| Conflict | Migogoro |
| Dreams | Ndoto |
| Ego | Ego |
| Experiences | Uzoefu |
| Influences | Mvuto |
| Perception | Mtazamo |
| Personality | Utu |
| Problem | Tatizo |
| Reality | Ukweli |
| Sensation | Hisia |
| Subconscious | Subconscious |
| Therapy | Tiba |
| Thoughts | Mawazo |
| Unconscious | Kukosa Fahamu |

## Restaurant #1
### Mkahawa #1

| | |
|---|---|
| Allergy | Mzio |
| Bowl | Bakuli |
| Bread | Mkate |
| Cashier | Cashier |
| Chicken | Kuku |
| Coffee | Kahawa |
| Dessert | Dessert |
| Food | Chakula |
| Ingredients | Viungo |
| Kitchen | Jikoni |
| Knife | Kisu |
| Meat | Nyama |
| Menu | Menyu |
| Napkin | Leso |
| Plate | Sahani |
| Reservation | Reservation |
| Sauce | Mchuzi |
| Spicy | Machache |
| To Eat | Kula |
| Waitress | Waitress |

## Restaurant #2
### Mkahawa #2

| | |
|---|---|
| Appetizer | Appetizer |
| Beverage | Kinywaji |
| Cake | Keki |
| Chair | Mwenyekiti |
| Delicious | Ladha |
| Dinner | Chajio |
| Eggs | Mayai |
| Fish | Samaki |
| Fork | Uma |
| Fruit | Matunda |
| Ice | Barafu |
| Noodles | Noodles |
| Salad | Saladi |
| Salt | Chumvi |
| Soup | Supu |
| Spices | Viungo |
| Spoon | Kijiko |
| Vegetables | Mboga |
| Waiter | Mhudumu |
| Water | Maji |

## Science
### Sayansi

| | |
|---|---|
| Atom | Atomi |
| Chemical | Kemikali |
| Climate | Hali ya Hewa |
| Data | Data |
| Evolution | Mageuzi |
| Experiment | Majaribio |
| Fact | Ukweli |
| Fossil | Mafuta |
| Gravity | Mvuto |
| Hypothesis | Hypothesis |
| Laboratory | Maabara |
| Method | Njia |
| Minerals | Madini |
| Molecules | Molekuli |
| Nature | Asili |
| Organism | Kiumbe |
| Particles | Chembe |
| Physics | Fizikia |
| Plants | Mimea |
| Scientist | Mwanasayansi |

## Science Fiction
### Sayansi ya Uongo

| | |
|---|---|
| Atomic | Atomiki |
| Books | Vitabu |
| Chemicals | Kemikali |
| Cinema | Sinema |
| Dystopia | Dystopia |
| Explosion | Mlipuko |
| Extreme | Uliokithiri |
| Fantastic | Ajabu |
| Fire | Moto |
| Futuristic | Futuristic |
| Galaxy | Galaxy |
| Illusion | Udanganyifu |
| Imaginary | Kufikiria |
| Mysterious | Siri |
| Oracle | Oracle |
| Planet | Sayari |
| Robots | Roboti |
| Technology | Teknolojia |
| Utopia | Utopia |
| World | Dunia |

## Scientific Disciplines
### Taaluma za Kisayansi

| | |
|---|---|
| Anatomy | Anatomi |
| Archaeology | Akilia |
| Astronomy | Unajimu |
| Biochemistry | Biochemistry |
| Biology | Biolojia |
| Chemistry | Kemia |
| Ecology | Ikolojia |
| Geology | Jiolojia |
| Immunology | Immunology |
| Kinesiology | Kinesiology |
| Linguistics | Isimu |
| Mechanics | Mechanics |
| Meteorology | Hali ya Hewa |
| Mineralogy | Madini |
| Neurology | Neurology |
| Nutrition | Lishe |
| Physiology | Fiziolojia |
| Psychology | Saikolojia |
| Sociology | Jamii |
| Zoology | Zoology |

## Shapes
### Maumbo

| | |
|---|---|
| Arc | Tao |
| Circle | Duara |
| Cone | Koni |
| Corner | Kona |
| Cube | Mchemraba |
| Curve | Kizingo |
| Cylinder | Silinda |
| Ellipse | Ellipse |
| Hyperbola | Hyperbola |
| Line | Mstari |
| Oval | Mviringo |
| Polygon | Pembenyingi |
| Prism | Prism |
| Pyramid | Piramidi |
| Rectangle | Mstatili |
| Side | Upande |
| Sphere | Nyanja |
| Square | Mraba |
| Triangle | Pembetatu |

## Spices
### Viungo

| | |
|---|---|
| Anise | Anise |
| Bitter | Uchungu |
| Cardamom | Cardamom |
| Cinnamon | Mdalasini |
| Clove | Karafuu |
| Coriander | Coriander |
| Cumin | Cumin |
| Curry | Curry |
| Fennel | Fennel |
| Fenugreek | Fenugreek |
| Flavor | Ladha |
| Garlic | Vitunguu |
| Ginger | Tangawizi |
| Nutmeg | Nutmeg |
| Onion | Kitunguu |
| Paprika | Paprika |
| Saffron | Saffron |
| Salt | Chumvi |
| Sweet | Tamu |
| Vanilla | Vanilla |

## Sport
### Michezo

| | |
|---|---|
| Ability | Uwezo |
| Athlete | Mwanariadha |
| Body | Mwili |
| Bones | Mifupa |
| Cardiovascular | Moyo |
| Coach | Kocha |
| Cycling | Baiskeli |
| Dancing | Kucheza |
| Diet | Mlo |
| Health | Afya |
| Jogging | Jogging |
| Maximize | Ongeza |
| Metabolic | Metabolic |
| Muscles | Misuli |
| Nutrition | Lishe |
| Program | Mpango |
| Sports | Michezo |
| Strength | Nguvu |
| To Breathe | Kupumua |
| To Swim | Kuogelea |

## Technology
### Teknolojia

| | |
|---|---|
| **Blog** | Blog |
| **Browser** | Kivinjari |
| **Bytes** | Baiti |
| **Camera** | Kamera |
| **Computer** | Kompyuta |
| **Cursor** | Mshale |
| **Data** | Data |
| **Digital** | Digital |
| **Display** | Onyesha |
| **File** | Faili |
| **Internet** | Internet |
| **Message** | Ujumbe |
| **Research** | Utafiti |
| **Screen** | Screen |
| **Security** | Usalama |
| **Software** | Programu |
| **Statistics** | Takwimu |
| **Virtual** | Virtual |
| **Virus** | Virusi |

## The Company
### Kampuni

| | |
|---|---|
| **Business** | Biashara |
| **Creative** | Ubunifu |
| **Decision** | Uamuzi |
| **Employment** | Ajira |
| **Global** | Kimataifa |
| **Industry** | Kiwanda |
| **Investment** | Uwekezaji |
| **Possibility** | Uwezekano |
| **Presentation** | Onyesho |
| **Product** | Bidhaa |
| **Professional** | Mtaalamu |
| **Progress** | Maendeleo |
| **Quality** | Ubora |
| **Reputation** | Sifa |
| **Resources** | Rasilimali |
| **Revenue** | Mapato |
| **Risks** | Hatari |
| **To Generate** | Kuzalisha |
| **Trends** | Mwenendo |
| **Units** | Vitengo |

## The Media
### Vyombo vya Habari

| | |
|---|---|
| **Advertisements** | Matangazo |
| **Attitudes** | Mitazamo |
| **Commercial** | Kibiashara |
| **Communication** | Mawasiliano |
| **Digital** | Digital |
| **Edition** | Toleo |
| **Education** | Elimu |
| **Facts** | Ukweli |
| **Funding** | Fedha |
| **Individual** | Binafsi |
| **Industry** | Kiwanda |
| **Intellectual** | Akili |
| **Local** | Mtaa |
| **Network** | Mtandao |
| **Newspapers** | Magazeti |
| **Online** | Mtandaoni |
| **Opinion** | Maoni |
| **Photos** | Picha |
| **Public** | Umma |
| **Radio** | Redio |

## Time
### Wakati

| | |
|---|---|
| **After** | Baada Ya |
| **Before** | Kabla |
| **Calendar** | Kalenda |
| **Century** | Karne |
| **Day** | Siku |
| **Decade** | Muongo |
| **Early** | Mapema |
| **Future** | Baadaye |
| **Hour** | Saa |
| **Minute** | Dakika |
| **Month** | Mwezi |
| **Morning** | Asubuhi |
| **Night** | Usiku |
| **Noon** | Mchana |
| **Now** | Sasa |
| **Soon** | Hivi Karibuni |
| **Today** | Leo |
| **Week** | Wiki |
| **Year** | Mwaka |
| **Yesterday** | Jana |

## Town
### Mji

| | |
|---|---|
| **Airport** | Airport |
| **Bakery** | Mkate |
| **Bank** | Benki |
| **Bookstore** | Bookstore |
| **Cinema** | Sinema |
| **Clinic** | Kliniki |
| **Florist** | Florist |
| **Hotel** | Hoteli |
| **Library** | Maktaba |
| **Market** | Soko |
| **Museum** | Makumbusho |
| **Pharmacy** | Pharmacy |
| **Restaurant** | Mgahawa |
| **Salon** | Saluni |
| **School** | Shule |
| **Stadium** | Uwanja |
| **Store** | Duka |
| **University** | Chuo Kikuu |
| **Zoo** | Zoo |

## Universe
### Ulimwengu

| | |
|---|---|
| **Asteroid** | Asteroid |
| **Astronomer** | Falaki |
| **Astronomy** | Unajimu |
| **Atmosphere** | Anga |
| **Celestial** | Mbinguni |
| **Cosmic** | Cosmic |
| **Darkness** | Giza |
| **Eon** | Eon |
| **Equator** | Ikweta |
| **Galaxy** | Galaxy |
| **Hemisphere** | Hemisphere |
| **Horizon** | Upeo |
| **Latitude** | Latitudo |
| **Moon** | Mwezi |
| **Orbit** | Obit |
| **Solar** | Jua |
| **Solstice** | Solstice |
| **Telescope** | Darubini |
| **Visible** | Inayoonekana |
| **Zodiac** | Zodiac |

## Vacation #2
### Likizo #2

| | |
|---|---|
| **Airport** | Airport |
| **Beach** | Pwani |
| **Camping** | Kambi |
| **Destination** | Marudio |
| **Foreign** | Kigeni |
| **Foreigner** | Mgeni |
| **Holiday** | Likizo |
| **Hotel** | Hoteli |
| **Island** | Kisiwa |
| **Journey** | Safari |
| **Leisure** | Burudani |
| **Map** | Ramani |
| **Mountains** | Milima |
| **Passport** | Pasipoti |
| **Sea** | Bahari |
| **Taxi** | Teksi |
| **Tent** | Hema |
| **Train** | Treni |
| **Transportation** | Usafiri |
| **Visa** | Visa |

## Vegetables
### Mboga

| | |
|---|---|
| **Artichoke** | Artichoke |
| **Broccoli** | Brokoli |
| **Carrot** | Karoti |
| **Cauliflower** | Cauliflower |
| **Celery** | Celery |
| **Cucumber** | Tango |
| **Eggplant** | Mbilingani |
| **Garlic** | Vitunguu |
| **Ginger** | Tangawizi |
| **Mushroom** | Uyoga |
| **Onion** | Kitunguu |
| **Parsley** | Parsley |
| **Pea** | Pea |
| **Pumpkin** | Pumpkin |
| **Radish** | Figili |
| **Salad** | Saladi |
| **Shallot** | Shallot |
| **Spinach** | Mchicha |
| **Tomato** | Nyanya |
| **Turnip** | Turnip |

## Vehicles
### Magari

| | |
|---|---|
| **Airplane** | Ndege |
| **Ambulance** | Ambulance |
| **Bicycle** | Baiskeli |
| **Boat** | Mashua |
| **Bus** | Basi |
| **Car** | Gari |
| **Caravan** | Msafara |
| **Engine** | Injini |
| **Ferry** | Kivuko |
| **Helicopter** | Helikopta |
| **Motor** | Motor |
| **Raft** | Raft |
| **Rocket** | Roketi |
| **Scooter** | Pikipiki |
| **Submarine** | Manowari |
| **Subway** | Subway |
| **Taxi** | Teksi |
| **Tires** | Matairi |
| **Tractor** | Trekta |
| **Truck** | Lori |

## Weather
### Hali ya Hewa

| | |
|---|---|
| **Atmosphere** | Anga |
| **Breeze** | Pepo |
| **Calm** | Utulivu |
| **Climate** | Hali ya Hewa |
| **Cloud** | Wingu |
| **Cloudy** | Mawingu |
| **Drought** | Ukame |
| **Dry** | Kavu |
| **Flood** | Mafuriko |
| **Fog** | Ukungu |
| **Ice** | Barafu |
| **Lightning** | Umeme |
| **Polar** | Polar |
| **Storm** | Dhoruba |
| **Temperature** | Joto |
| **Thunder** | Radi |
| **Tornado** | Kimbunga |
| **Tropical** | Kitropiki |
| **Wind** | Upepo |

# Congratulations

**You made it!**

We hope you enjoyed this book as much as we enjoyed making it. We do our best to make high quality games.
These puzzles are designed in a clever way for you to learn actively while having fun!

Did you love them?

-------

## A Simple Request

Our books exist thanks your reviews. Could you help us by leaving one now?

Here is a short link which will take you to your order review page:

BestBooksActivity.com/Review50

# MONSTER CHALLENGE!

## Challenge #1

Ready for Your Bonus Game? We use them all the time but they are not so easy to find. Here are **Synonyms**!

Note 5 words you discovered in each of the Puzzles noted below (#21, #36, #76) and try to find 2 synonyms for each word.

### Note 5 Words from *Puzzle 21*

| Words | Synonym 1 | Synonym 2 |
|-------|-----------|-----------|
|       |           |           |
|       |           |           |
|       |           |           |
|       |           |           |
|       |           |           |

### Note 5 Words from *Puzzle 36*

| Words | Synonym 1 | Synonym 2 |
|-------|-----------|-----------|
|       |           |           |
|       |           |           |
|       |           |           |
|       |           |           |
|       |           |           |

### Note 5 Words from *Puzzle 76*

| Words | Synonym 1 | Synonym 2 |
|-------|-----------|-----------|
|       |           |           |
|       |           |           |
|       |           |           |
|       |           |           |
|       |           |           |

# Challenge #2

Now that you are warmed-up, note 5 words you discovered in each Puzzle noted below (#9, #17, #25) and try to find 2 antonyms for each word. How many lines can you do in 20 minutes?

*Note 5 Words from* **Puzzle 9**

| Words | Antonym 1 | Antonym 2 |
|-------|-----------|-----------|
|       |           |           |
|       |           |           |
|       |           |           |
|       |           |           |
|       |           |           |

*Note 5 Words from* **Puzzle 17**

| Words | Antonym 1 | Antonym 2 |
|-------|-----------|-----------|
|       |           |           |
|       |           |           |
|       |           |           |
|       |           |           |
|       |           |           |

*Note 5 Words from* **Puzzle 25**

| Words | Antonym 1 | Antonym 2 |
|-------|-----------|-----------|
|       |           |           |
|       |           |           |
|       |           |           |
|       |           |           |
|       |           |           |

# Challenge #3

Wonderful, this monster      challenge is nothing to you!

Ready for the last one? Choose your 10 favorite words discovered in any of the Puzzles and note them below.

| | |
|---|---|
| 1. | 6. |
| 2. | 7. |
| 3. | 8. |
| 4. | 9. |
| 5. | 10. |

Now, using these words and within a maximum of six sentences, your challenge is to compose a text about a person, animal or place that you love!

*Tip: You can use the last blank page of this book as a draft!*

## Your Writing:

# Explore a Unique Store
## Set Up **FOR YOU!**

MEGA DEALS

## BestActivityBooks.com/**TheStore**

Designed for Entertainment!

Light Up Your Brain With Unique **Gift Ideas**.

Access **Surprising** And **Essential Supplies!**

CHECK OUT OUR MONTHLY SELECTION NOW!

**- Expertly Crafted Products -**

# NOTEBOOK:

# SEE YOU SOON!

*Linguas Classics Team*

**BESTACTIVITYBOOKS.COM/FREEGAMES**

www.ingramcontent.com/pod-product-compliance
Lightning Source LLC
Chambersburg PA
CBHW082012140626
46553CB00021B/2899